中国顶级交易员访谈丛书

来 自 成 功 交 易 者 的 宝 贵 经 验

交易员的自我修养

2

杨楠 著

企业管理出版社
ENTERPRISE MANAGEMENT PUBLISHING HOUSE

图书在版编目（CIP）数据

交易员的自我修养：中国顶级交易员访谈实录 / 杨楠著．—北京：企业管理出版社，2020.12

（中国顶级交易员访谈丛书）

ISBN 978-7-5164-2276-2

Ⅰ．①交… Ⅱ．①杨… Ⅲ．①金融投资—经验 Ⅳ．① F830.59

中国版本图书馆 CIP 数据核字（2020）第 203403 号

书　　名：交易员的自我修养：中国顶级交易员访谈实录

作　　者：杨　楠

责任编辑：李　坚　张　楠

书　　号：ISBN 978-7-5164-2276-2

出版发行：企业管理出版社

地　　址：北京市海淀区紫竹院南路17号　　　邮编：100048

网　　址：http：//www.emph.cn

电　　话：编辑部（010）68414643　发行部（010）68701816

电子信箱：qiguan1961@163.com

印　　刷：三河市东方印刷有限公司

经　　销：新华书店

规　　格：147毫米×210毫米　32开本　6.125印张　100千字

版　　次：2021年4月第1版　2021年4月第1次印刷

定　　价：78.00元

“证券交易，天下最彻头彻尾充满魔力的游戏。但是，这个游戏愚蠢的人不能玩，懒得动脑子的人不能玩，心理不健全的人不能玩，企图一夜暴富的冒险家不能玩。这些人一旦贸然卷入，到头来终究是一贫如洗！”

——杰西·利弗莫尔

丛书出版说明

相信读过不少投资交易类图书的读者朋友，对于国外出版的《金融怪杰》系列图书一定不陌生，该系列图书通过对各投资领域的投资者进行采访，给想了解这些人的交易理念和方法的读者一个难得的渠道。

但是，该系列图书存在两个问题：一是访谈不够深入的问题。由于时间和篇幅限制，许多内容浅尝辄止，难以深入挖掘一名交易员经历中真正能给人启发的东西。二是访谈对象均为境外投资者。国内投资市场经过几十年的发展，在向西方学习的同时，越来越体现出自己个性化的特征。国外的交易经验放到国内的投资土壤中，有时会存在水土不服的情况。而国内本土交易员的成长经历和交易方法，市面上公开的较少，顶级交易员的经验，更是极少传播。

基于以上原因，三友诚品图书、“老徐话期权”团队一起，共同策划了这套丛书。访谈对象不以名气论英雄，而看重真材实料。其中有神秘莫测的做市商，有大型金融公司的操盘手，有业绩显赫的私募老总，有名不见经传的民间高手，有独辟蹊径的交易怪才……这些交易者中，有的健谈，有的惜句如金，所以，这套书也厚度不一。但总体来说，我们希望每一本都是浓缩"干货"的书，不堆砌、不废话。

我们致力于通过十数年时间，遍访交易高手，汇集成交易经验的饕餮盛宴，以飨读者。读者可以在对比阅读中各取所需，提取适合自己性格和经历的交易干货，站在巨人的肩膀上，尽快走向稳定盈利之路。

该丛书存在两个挑战，一是物色挑选优秀交易员，并说服他接受采访，和大家分享他多年金钱堆积而积攒的宝贵经验；二是在与每位交易员有限的几天一对一访谈时间内，尽可能挖掘出该交易员经验中可资借鉴的内容。不足之处，欢迎读者和各路高手批评指正。联系邮箱：qiguan1961@163.com。如果您对该丛书或交易员访谈感兴趣，也欢迎关注微信公众号"你想赚什么钱"（jiaoyiyuanfangtan），持续关注该套丛书的最新单品及交易员访谈视频。

丛书序

徐華康[1]

我们谁都没有超能力。

如果你走在北京或上海的街上问路人，是否有预测未来的能力，他们必定会投以奇怪的眼光说："你有病吧？是否应该去医院挂个号？"这个问题似乎不应该被正常地询问，因为我们没有超能力也不可能去预测不可知的未来。

在同样的时空下，你是否经常地买卖股票或其他标的资产，自信地预测价格的上涨或下跌？所有人都说无法预

---

① 徐华康，有着20多年交易经验的衍生品专家，微信公众号"老徐话期权"，曾出版《我当交易员的日子》《财富自由之路：ETF定投的七堂进阶课》等书。

测未来，言行却不一致，以为自己通过某个图形或消息就可以预测未来，达到获利的目的。

这是否很矛盾?

在投资上，我们需要在不确定的情况中寻找未来的确定性，通过种种不同的分析方法，用尽所有的努力去找可靠的讯息，只希望能让答案更清楚一点,达到稳定获利的目标。虽然没有预测未来的能力，但是有些人却能将这件事做得很好，获得巨大的成功，也有些人走了长长的弯路后取得了不错的成果。

我们希望能通过成功者的经验,缩短学习的过程，让投资交易的成功路径最短。但根据我多年的经验，某些事情偶尔发生也许会更好，毕竟有些道理是无法教的，直到吃到苦头才会真正学到。你会在书中发现，原来交易员或市场老手，大多都走过一样的路，受到相同的挫折；你可以看到，他们如何克服这些困境，才能在这漫长孤单的旅程中看到更好的风景。

我常常说,交易是一种选择,而不是运气。

在行情下跌的时候你可以选择持续持有或止损出场，

在行情上涨时，你也可以选择持有或获利了结，所有的决定权都在自己手上，但大多数人却将自己的错误选择归咎于运气。当你赚钱了，是天生英明神武的自己选择正确，亏钱的时候则是时不我与的运气不佳。我们应常常向外面的世界看看，那些过去做得比较好的交易员以及你的交易对手们都在怎么做这些事，为什么有些人总是做得比较好，面对错误的选择时，他们如何不让其变成一场灾难。

错误也是这场游戏的一部分。就如同查尔斯·艾利斯（Charles Ellis）在《投资艺术》（*Winning the Loser's Game*）一书中曾说到，在赢家的游戏中，结果取决于赢家正确的行动，在输家的游戏中，结果取决于输家所犯下的错误。而参与者众的投资市场中，你不用是巴菲特或索罗斯，也可以赚到钱，就如同你去参加一场德州扑克的牌局，就算同桌有世界冠军，你仍有可能赚到盆满钵满，只要同桌的菜鸟足够多。就如同投资本来就是一场输家的游戏,我们能够获得成功，不在于我们做得比巴菲特更好，在于我们犯了比市场上其他投资人更少的错，甚至不犯错。

专业投资人做正确的行动，而业余投资人不断犯下错误，而且他们并不知道错在哪里。当股市见顶或触底时，业余投资人最有可能犯下“非受迫性失误”，因为在每一个极度乐观或悲观的情况下，你不知道该怎么做。专业投资人会做出不一样的决定，别人不想要的,他们买进，别人渴望得到的，他们卖出，他们非常熟悉这场游戏的规则，也有自己的经验总结出的方法。你不用犯下所有的错就可以真正学到这些理念，这些正是这套丛书所要传达的。

进入市场交易绝对算得上是一种门槛最低的赚钱行为之一。投资交易访谈的书籍市面上也不算少，但绝大多数围绕国外名人或国内成名多年的基金经理及私募大佬，针对在第一线每天面对行情厮杀的中国顶尖交易员的访谈反而是少数，也许他们与你有更多的相似之处。你一定要仔细听一下这些交易员每次如何面对市场上必须的选择，因为能够吸取那些最棒的前辈已经用实践证明的洞见，绝对是到达成功交易的最短路径。

目　录

牛市嘛，啥也不懂也能赚钱。后来才知道，靠运气赚的钱，最后一定会凭实力亏回去。只要跟赚钱有关的事情，没有一样是简单的，尤其是股市。

后来，我有幸和游资前辈，以及私募公司的朋友相互探讨学习，获益匪浅。

要实现稳定盈利，得有一个较为完备的交易系统。而要建立交易系统并发挥作用，需要具备两个因素，一是勤奋，二是智慧。交易系统是“身经百战+痛不欲生+深度思考+融会贯通”的结果。

不要让宝贵的本金“牺牲”在求知的路上。

什么是交易系统呢？我认为它是在对股市深刻认知的基础上，总结提炼出来的一些应对策略。所谓有什么样的股市世界观，就有什么样的股市方法论。而交易系统，就是股市方法论。

股市是认知的变现，考的就是对股市的理解力。人与人的强弱，体现在头脑里，体现在专业上。强者是明白人，是专业的。弱者是糊涂人，是业余的。股市就是少数明白人赢多数糊涂人的游戏。其实，任何一个行业，如果拿自己的爱好去挑战别人的饭碗，结果还用说吗?

情绪流三维共振理论，不但适用龙头战法，同样适用于价值投机。只是在运用的时候，价值投机会更重视基本面和投资逻辑，而龙头战法更重视情绪周期及题材的引领作用。

价值投资，重剑无锋。价值投机，巧夺天工。龙头战法，人中龙凤。

第一部分

我的交易之路

牛市嘛，啥也不懂也能赚钱。后来才知道，靠运气赚的钱，最后一定会凭实力亏回去。只要跟赚钱有关的事情，没有一样是简单的，尤其是股市。

后来，我有幸和游资前辈，以及私募公司的朋友相互探讨学习，获益匪浅。

要实现稳定盈利，得有一个较为完备的交易系统。而要建立交易系统并发挥作用，需要具备两个因素，一是勤奋，二是智慧。交易系统是“身经百战+痛不欲生+深度思考+融会贯通”的结果。

不要让宝贵的本金“牺牲”在求知的路上。

你最早知道股票是什么时候？

知道股市其实很早了，1996年前后吧。但好多年来，压根就没想到进入股市，完全没兴趣。跟运气高度相关的游戏我就提不起兴趣，我不知道炒股跟象棋一样是主要靠技术呢，还是跟打麻将一样主要靠运气，我从来不打麻将就是以为麻将主要靠运气。当时我身边也没有听说谁是股票高手，也就无从了解。

还有一个原因，说来相当幼稚，人年轻的时候往往比较轻狂，我那个时候也是。当时我想，我辈男儿，真要进入股市潜心研究的话，那还不是劈波斩浪？一想到自己赢钱，别人亏钱，十分不忍心。所以后来对股市有些了解后，也始终没进去。

还没入市呢，就已认定自己肯定是赢家，好笑吧？现在想起来真是非常可笑、非常幼稚。所以，我认为，只有认识到自身的渺小，才是散户成熟的开始。

你第一次进入股市是什么时间?

我开始接触股票是2007年，大家知道那是中国一轮轰轰烈烈的牛市，我接触股票时，是中国神华上市那会儿，已是牛市尾声了。虽然也买点股票，但其实没啥兴趣，小打小闹，根本就没有上心去思考和研究，输赢完全没当回事。

我真正进入股市是2014年冬天，主要是因为赚钱效应。身边的人都在谈论股市，似乎赚钱十分容易，谈股票的人挺多。当然这时候，指数都涨了一段时间了。

那时候，我们几个朋友正在琢磨股权投资，经过较长时间的调研，感觉做股权投资，一方面资金量要很大，另一方面很多项目不是我们能驾驭的，风险极大。所以还是搞了传统项目，由于有人管理，时间还是蛮多。我当时就想，既然叫投资公司，证券投资总得要懂吧，刚好股市行情也还可以，就这样阴差阳错地进入了股市。

牛市嘛，啥也不懂也能赚钱。后来才知道，靠运气赚的钱，最后一定会凭实力亏回去。只要跟赚钱有关的事情，没有一样是简单的，尤其是股市。

现在，经常看到有些初学者不知股市的深浅，显得非常自负，你看那自信满满的神情，说的那些话，每每这时候，就忍不住劝几句，但人就是这样，自己不去碰壁，别人的话是听不进去的。股市这一行，有悟性的人最好能把别人的经验当成自己的经验，没必要让自己撞个头破血流。

在开始正式炒股票之前，你都做了哪些准备？

其实我在进入股市之前，真还做了一点小准备。

第一个准备，请了一位顾问。我觉得自己既然不懂股票，就找个懂股票的朋友帮我参谋，我就通过朋友介绍找了一个顾问，一个月5000块钱的顾问费。

第二个准备，减肥训练。我想当然地以为要把股票做好，得有一定的自律性。我就想通过减肥来证明一下自己有没有这种自律性，要是有我就做，要是没有，我试一下后就不做了。

于是乎，就开始节食。有一天晚上实在想吃肉了，我还专门去买了一个鸡腿来考验自己，但是你毕竟不能吃，吃了就前功尽弃了。吃的时候舒服，吃完后自己会很讨厌自己。

夜深人静，饥肠辘辘，望着鸡腿，那滋味可不好受啊。自然很想吃啦，一个声音冒出来说，吃吧，反正也没人知道，有啥关系？但是一个声音又说，可千万吃不得啊，吃的时候舒服，但吃完后自己会后悔。为了防范自己失去理智，还发了毒誓，如果吃了鸡腿就如何如何。可心里另一个声音又说，发誓都是假的，怕啥？如此反复，天人交战，相当折磨人。最后，我迅速地把鸡腿丢到垃圾桶里才算了事。这一幕我记得很清楚。今天能说这事，确实当时是真忍住了。

那一个多月我没有吃一口米饭，也没有吃一片肥肉，一共减了20多斤。镜子里自己看自己很满意。我觉得可以了，自律性不错，又请了顾问，进入股市应该没问题了。现在回想起来，自己都觉得很可笑，那时候怎么那么幼稚呢？当然结果可想而知。那真是孔夫子搬家——除了书（输），还是书（输）。

事非经过不知难。股票这一行，如果没有行之有效的交易系统，一切都是浮云。

你刚开始炒股，就赶上了股灾，一路走来，应该也遇到不少挫折，请问是什么原因让你坚持下去，始终没有放弃？

确实，刚开始炒股吧，就遇上史无前例的股灾，够倒霉的，而且每一次都没跑掉，想卖都卖不出，亏损巨大。股灾那会，听到很多悲惨的故事，做期货的刘强，不就是那时候跳楼的吗？虽然我没有亲眼见过跳楼的，但内心伤感、有跳楼苗头的人，我见过，令人感慨。

但实事求是讲，股票亏损对我本人来说，影响不是太大，这可能跟人的个性和经历有关吧。喜欢读历史的人都知道，读历史久了，看啥就会有点历史眼光，就会明白，人一生，真的不长，除了生死无大事，一切都会过去的。打个比方，好多人都有失恋的经历，当时是不是倍受煎熬？仿佛天都要垮了。多年以后再回想，算啥呢？对吧。

另外，可能跟《长征》有关，著名军旅作家王树增写过一本书叫《长征》，我看了很多遍。我常常想，生活在我们今天这样一个和平盛世，无论你亏多少钱，都不妨碍你每顿吃肉喝酒，你说跟当年的红军战士相比算啥呢？股票无论你亏多少钱，它毕竟不要你的命。人啊，只要这样一想，就会发现，金钱虽然也重要，但远远不足以让人寻死觅活。

不知这样说，是不是显得有些矫情？但这是实话，我相信，任何人只要把《长征》真正读进去了，都会有同样的感受。那有没有苦痛的时候呢？当然有，苦苦求道而不得的感受令人刻骨铭心，所以对于后来者的苦痛，我是感同身受。

和很多人一样，我屡战屡败，屡败屡战，一直没有倒下。能支持自己走下去的，我觉得是所谓的逆商，或者说是四川人那种“老子就不信邪”的个性，越是失利，越是不服，后来更是啥也不管，跟股市杠上了。

你刚入市的时候经历还挺奇特的，自律靠自己，知识靠顾问。自己看书学习吗？

当时行情好，靠自己肯定来不及啊，所以才想到请个顾问。顾问是一位好朋友介绍的，实事求是讲，他人挺好，但以现在的眼光来看，对股市的认知还是挺一般的。但是他有一句话说得非常好，让我印象深刻，他说“股市的每一次上涨，那就是为下跌做准备的”，相当有道理。

我同时也看书，你知道股票这一行，国家是没有一个专门的股票学校的，只要你开了户证券公司就由你自己瞎买卖了，它也不教，是不是？跟多数散户朋友一样，我开始也是看书，但我很快发现一个小规律或者是一个小结论——任何书它都是解决不了根本问题的。也就是说，无论你看多少书，看多久的书，都不足以实现稳定盈利。

股市这一行，一师难求，书籍倒是浩如烟海，但真正管用的方法策略很难出现在公开的出版物中，原因很复杂。

那后来又是怎么学习的，这段时间你有没有遇到什么契机?

就是寻师访友，那时候经济条件还不算差，四处游学。哪怕这一堂课下来有几句话能够让我觉得非常有道理，我就觉得值得。但客观地说，好多知识都是局部的、碎片化的。老实说，还是有些失望的，甚至都产生了一些疑惑。当然，这是当时的想法，现在来看，其实能理解。这些学习经历我认为都是值得的。

股市这一行，完整的交易系统好多人自己也不懂，真正懂的可能也未必擅长讲，更重要的是，恐怕也不太愿意讲。别人耗费了青春年华，久经磨难，九死一生中体会到的一些道理方法，设身处地想想，怎么个讲法？是吧？没有吃过大亏，初学者往往体会不到交易系统有多重要。股市这一行，真的有些特别，可以理解吧。

当然，我也有幸和游资前辈，以及私募公司的朋友相互探讨学习，获益匪浅。但这是后来的事了。古人云，三人行，必有我师。真是这样。在此，我要向一路走来遇到的所有老师朋友，包括所有我看过的书籍作者表示敬意。

游学归来后，又是怎么办的呢？

我在《情绪流龙头战法》书中写的打油诗里有这么一段，“男儿百战带甲归，平生不信鬼与神，听雨楼中穷八极，遍历群山觅真经”。遍历群山，指的是寻师访友和看书学书。诗人汪国真说，没有比人更高的山。老师也好，书籍作者也好，每个人都是一座山嘛。古人说，精骛八极，心游万仞。穷八极，主要是指深度思考。

看书也好，寻师访友也好，都是有用的。但交易系统的形成，不是看书就能办到的，我认为需要采取“拿来主义”，博采众长，并在市场中观察，真正做到“以市场为师”，然后不断地总结完善。

总之，我个人的体会是：以人为师，以市场为师，以己为师。时间久了，积思顿释，一朝悟道。

这段时间，算不算得上是“至暗时刻”，有没有怀疑过自己，“或许我不适合做这行？”

股市这一行，本来开始大家都是求财，但后来渐渐地变成求道了，着重点不一样，心态真的就不一样了。另外，我觉得自己早晚能把它挣回来，有这种信心。所以应该算不上是至暗时刻。

伤感难过那肯定有过，毕竟那个时候我是啥也没干了，我不像很多人是兼职搞，我是专职的，别的事情全部丢在一边，跟股市杠上了。股市的难度远超当初的想象，股市里面到底是一个什么东西在起作用？始终摸不着门道，苦痛可想而知。

现在想来，这个过程确实不容易。能坚持下来，可能跟性格也有关吧。我小时候怕鬼，直到高中时还怕，大白天一个人不敢在家。为了克服这一点，我从高三时起，曾经几次一个人去坟场睡觉，还是有点狠劲的吧？

但我从来没怀疑过自己，应该是没有怀疑过。实事求是地讲，每次挫败以后，好像都是苦苦思考问题本身，似乎还从来没有时间来想自己“适不适合这一行”的问题。

回顾这些年悟道修心的历程，能不能用一句话来表达你的感受？

与天斗争，其乐无穷！与人斗争，其乐无穷！

你觉得必须做对哪些事才能实现稳定盈利?

这个问题啊，从不同的维度有不同的答案。我想这样回答比较好。要实现稳定盈利，得有一个较为完备的交易系统。而要建立交易系统并发挥作用，需要具备两个因素，一是勤奋，二是智慧。

有了智慧，就相当于一台电脑的CPU。勤奋呢，就相当于存储器，不断从外界获取CPU工作必要的各种信息。我先主要谈谈智慧。

智慧是指什么呢？决策机制，或者说是交易系统。我个人的体会，交易系统是“身经百战+痛不欲生+深度思考+融会贯通”的结果。也就是说你自己身经百战之后，有了一些经历，也进行了大量的思考，但始终不得其法，自然心里很苦，痛不欲生。为什么要痛不欲生才可以？因为人是一种很贱的动物，任何对事物的深度认知，不会来自于快乐的体验，而是来自于痛苦的经历，人只有在痛定思痛时，才会进行深度思考，才会想方设法解决问题。时间久了，慢慢就融会贯通了。

可能有人说，决策机制为啥要用智慧来描述，用聪明这个词不可以吗？不可以。我觉得智慧表现为：在纷繁复杂中抓住核心实质的能力，以及灵活运用知识的能力，是在更大的广度和深度上的思考力。因此，智慧者未必比聪明者更有知识，但层级更高，因此称为大智慧，有智慧的人往往认识到自身的渺小，对市场充满敬畏，而聪明者则相反。

当然，以我个人的体会，有些道理如果完全靠自己去悟，这真是相当不容易的。

此外，有了交易系统，不勤奋也是不行的。比如最近的中集集团，只要勤翻K线，结合交易系统，盈利就变得很简单。主力运作痕迹太明显了，如果你不勤奋，迟迟没发现，那就没办法了。

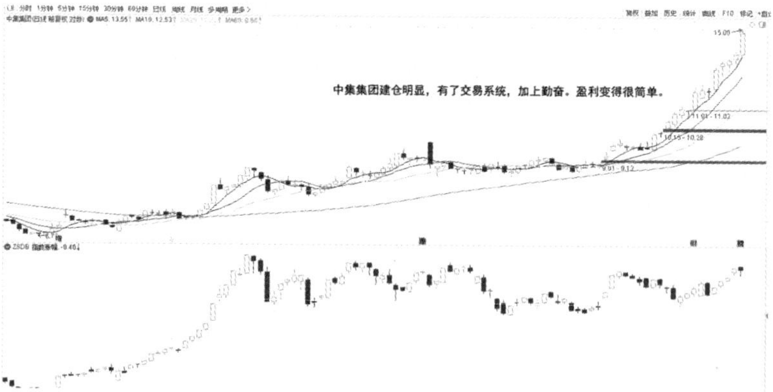

中集集团日K线图

交易系统到底是什么？有这么重要吗？

股市的本质就是复杂性和随机性，必须要有交易系统才可以，有了交易系统才有稳定盈利的可能。当然所谓稳定盈利，并不是次次稳赚不赔，正如好多书上所说，股市盈利是较小的亏损+大大小小的利润的结果。

控制较大风险，避免重大亏损，这是股市盈利的关键所在。初学者可能理解不深，经历多了就明白了，尤其是短线操作。

交易系统是什么？交易系统是战略思想和战术原则的总和。具体来说，就是回答以下问题：能不能买？买什么？买多少？何时卖？除了一些盈利的招法，也有回避风险的措施。比如，在短线龙头战法中，“见招拆招，招招不离题材；进出加减，步步不离龙头”，这句话就体现了一些战略思想和战术原则。比如：没有新大题材，就别冲动入场，至少别重仓入场。这样，就能避免一些失误，稳定盈利才有可能。

能否谈谈你的顿悟过程，以及是如何形成的你目前的交易系统?

这样说吧。像我们人类的各种知识，比如物理、化学、数学等这些知识体系，是怎么来的呢？至少最早的时候，人类从树上下来的时候，这些知识肯定是没有的，对不对？那么经过一代一代思想者的总结和传承，那就渐渐地有了。

我们来想一想这些知识是怎么来的？肯定是前人在实践生活中观察到某一些现象，然后从这些现象中提炼出一种假设，然后再让这些假设在实践中去验证。我们粗略地把这个过程称为“人为自然立法”。

股市也是这样，由于股市的特殊性，真正管用的深刻道理很少见诸于公开的出版物，也很少有人得遇良师继承一个完整的交易系统，那怎么办？这就需要每个人独立的“人为市场立法”。看书学习也好，实践观察也好，反正你得总结提炼出一套行之有效的方法来。当然，股市是相当复杂的，不同的人，悟道的快慢是不一样的。

个人感觉，对哲学感兴趣的人领悟要快一些。比如说，哲学讲，有什么样的世界观，就有什么样的方法论。股市不也一样吗？于是就需要深刻认识股市，比如强者恒强、情绪传递、物极必反这样的规律。但要注意的是，认知与深刻认知是大不一样的。哲学中讲到万事万物都是一个系统，那股市也应该是一个系统，而任何系统都是有框架的，即系统是由哪些部分构成的。换言之，一只股要涨，跟哪些因素有关？最直接的关系又是什么？这样，交易系统就呼之欲出了。

有一天，我突然想到传统武术跟散打的关系，想到霍元甲迷踪拳的由来，就把跟股价紧密相关的最直接、最实质的因素提炼出来，我称之为天时、地利、人和，这样就形成了“三维共振”理论。

“三维共振”理论的提出，跟你个人的主观想法或性格有关系吗?

怎么说呢，“三维共振”作为个人的交易系统，当然跟自己的主观想法有关系。但这个想法的来源，并非闭门造车、拍脑袋，是观察的结果，也是思考的结果，更是在实践中验证的结果。

“三维共振”虽然名字是我提出来的，但是我深信很多高手都是自发或自觉地在这样应用。因为它是股市的一种规律。从这个意义上讲，跟我本人的主观想法或性格又没关系，但是，实际运用的效果，确实跟交易员本身的性格、经验，以及对“情绪、题材”的理解高度相关。

说明一下，“三维共振”不是只适用于龙头战法，一样适合别的盈利模式。

形成交易系统之后，中间有没有经历过一些相对低谷的时刻？

行之有效的交易系统，是对客观规律的发现和运用。但交易系统的形成和完善，不是某一个时刻，而是一段时间。有了交易系统，但还不是太完善的时候，遇到低谷是很正常的。

就跟开车一样，考过了驾照，相当于初步有了交易系统，但实习上路，还有一个不断完善熟练的过程，有时会剐蹭，甚至是较严重的追尾。时间长了，自然就比较稳定了。

有了完善的交易系统，是不是就完全做到知行合一了呢？

股市的本质就是随机性。个人认为，股市是随机性和相对规律性交替变化的过程。交易系统的有效性，或者说交易系统的成功率也是有条件的。即使有了交易系统，也不能不分条件，随时随地就操作。而不管不顾地频繁出击，正是很多短线选手亏钱的根本原因。在生活中，勇敢主动是优秀品质，而股市则不然，股市是柔性的智慧，高手都是被动交易，懂得识时务者为俊杰。面对市场随机的波动，心灵宁静如潺溪过石，才是短线的最高境界。

有人说，在不知道与知道之间，隔着千山万水。知道已经很难了，而做到同样不易。人毕竟不是机器，人有机器没有的优点，但同时也有机器没有的缺点。是人就有欲望和情绪，因此，任何人都不可能完全做到知行合一。

正如青泽先生所说，理性与非理性都是人的本质特征，任何人，都只能有限度地战胜自己和市场。利弗莫尔也曾说，你可能是市场中一时的国王，但你不能终极意义上完胜自己和市场。否则，宇宙就是你的了。

总之，人都是不完美的，是人就有毛病，心法的修行，对谁都一样，永远都在路上。其中修行到位的人，慢慢就稳定盈利，有雄心壮志的人可能向游资或私募方向发展，心法不到位的就成了股评家。

但对于多数人来说，还远远谈不上心法。个人认为，世界上最远的距离，并不在“知道”与“做到”之间，而在于“知道”与“不知道”之间。你以为你知道了，其实知道得还不够多，还不够深。

在你的投资路上，有没有对你影响比较大的人？

我想想啊，可能影响较大的应该是康德和青泽。其实我对青泽先生的了解，是通过一位网友，网友的名字我记不清楚了，他谈到了“人为市场立法”，这位网友的话对我的影响较大，但网友这句话又是来源于青泽先生。青泽先生这句话又来自哪呢？德国哲学家康德。康德说过，人为自然立法。

股市的方法论正是借鉴这一思想，在实践中观察，然后提出一种假设，然后把这种假设在实践中验证，不断细化完善。

青泽先生他是学哲学的对不对？我虽然不是学哲学的，但我对哲学有一点小小的兴趣。实事求是讲，很多人可能认为哲学这个东西一提起来就是高大上的、是空的，但是他不明白，正因为哲学是空的，所以它能承载一切事物，它是对万事万物共性和演化规律的一种归纳，一种表达，比如对立统一规律，股市里面的多方和空方就是如此，多方表面上入场前是多方，实际上他只要一买多，很快就向空方转变，空方也是，只要他一抛出来之后，他就变成了一个潜在的多方，对吧？这些道理，很值得人去思考。至于说量变引起质变，这个东西更是如此。

当然，要是从更高层面上讲，影响最大的人的就是毛主席。毛主席不但是战略家、军事家，他老人家本身也是哲学大家，看问题总是一针见血，直奔问题实质。你看毛主席从年轻时的“游击战十六字诀”，到他中年时提出的“十大军事原则”，都贯穿了“保存有生力量”“慎战”“精准出击”“借势而为”“持久战”这些思想。尤其是游击战思想，先保证自己不被敌人消灭，然后在运动中寻找战机，是值得每一位股票从业者深思的。

毛主席的伟大人格和战略思想，光照千秋。后来人如果能认真学习他老人家的哲学智慧和军事思想，可能从此有所不同。不管在哪个领域，包括股市。

这么说，对你影响最大的书，应该也是哲学书和军事方面的书了？

可以这么说，首推毛主席的哲学智慧和军事思想。哲学，其实也没那么深奥，大家高中都学过哲学，只是很多人没有体会到哲学对于理解股市的帮助作用。其他的书，《道德经》《孙子兵法》有些篇章，也让人深受启发。

说到这，谈一个现象，有些人对于股市有一些见识后，就喜欢专挑读者不懂的说，周易八卦这经那经的。古人的书，不能说没用，但如果扯多了，非说对股市悟道能起多大作用，就不对头了，因为这样会误导读者，浪费他们的时间。

宏观的智慧，不同领域确有共通之处，但每个领域都有其独有的东西，股市也是一样，我认为股市独有的一些战略战术不是古人的书能解决的，也不是业外人士能解决的。《道德经》《孙子兵法》帮不了，王阳明帮不了，康德也帮不了，马恩列斯也帮不了，毛主席也帮不了啊。这个只能找股市专业人士学习。

但如果跳出股市战略战术这个层面，对我影响最大的书，就是《长征》。长征是人类历史上，罕见的不怕艰难、不畏牺牲、传播理想的远征。我觉得，要想取得一点成绩，没有一点长征精神作支撑，怕是不行的。任何领域都一样，尤其是股票。

在你交易系统和交易心法的形成中，对你影响最大的一本股票书籍是什么？

股票书籍，都是作者从某一角度对于股市运动规律的理解和表达，写书不容易，开卷有益，但只是我说不上来对我个人特别有影响的股票书籍。主要我读书本来也不多，视野有限，从没见过谈交易系统的书籍。非让我说，我觉得是自己写的《情绪流龙头战法》这本书，写好以后，感觉不像自己写的似的，说实话，我自己都读了好多遍，尤其是其中第三部分《股市天经》，我老婆都觉得奇怪，自己的书也能看这么多遍？

说到这，有感而发，《股票作手回忆录》《艾略特波浪理论》《金融炼金术》这些书发行量很大，作者都大名鼎鼎，按说是最有影响力的吧？对别人有啥影响我不知道，但我不能说瞎话，反正我读后还是一头雾水，不知如何实操。当然，完全有可能是自己理解力有限，没能领会前人智慧吧。不过索罗斯自己都讲了，看了他的书，也是赚不到钱的。

自从我发现读书解决不了根本问题，就很少看书了。没有比较，就没有鉴别。说自己的书对自己有影响，这是开玩笑的，不必当真。但我知道有些朋友喜欢看书，炒股十多年，博览群书，但到底有多大用，谁读谁知道。

任何书都是死的，无法全面反映灵活多变的客观现实。对吧？股票交易跟战争类似，实践性相当强。即使你读一万本兵书战策又如何？没听说谁能靠读书成为一代名将。毛主席在四十岁以前，还没读过《孙子兵法》呢。

对我交易系统和交易心法的形成，影响最大的是毛主席的哲学智慧和军事思想。想想看，毛主席为什么被称为“伟大的导师”？智慧都是相通的！

书要读，但更要读无字书，也就是市场本身。有些东西是文字无法表达的，然后你要去思考它里面的一些根本的东西，不断地提炼和总结。我认为这远比看书重要得多。

最后要补充一点，我绝非是说读书无用，我想表达的意思，读书要围绕着建立交易系统这一根本目的来读。否则，读再多的书，也只是信息量的堆积。而要建立交易系统，真正管用的是无字书，是变化复杂的市场本身。

您是怎么想到写《情绪流龙头战法》这本书的？

我觉得，股票交易是所有行业中最特别的，没有门槛，但其实最难，但初学者并不知道。心理学有个规律：无知者并不知道自己有多无知。由于没吃过亏，所以大多数散户朋友基本上是自己瞎搞，日复一日地在错误的道路上重复。等自己吃够了亏，悟出些道理，但本金又没了。所以，对多数散户朋友来说，股票年年搞，年年亏，又不愿离开，虽然媒体从来不说，但这是股林江湖大多数散户的现状和事实。

有人曾经就这样说，如果有人把其中的道理给我说清楚，让我明明白白地自愿离开，我都情愿给他交费。我自己当初一头扎进股市，不也是想把其中的道理搞明白，死而无憾吗？有位读者，做股票近十年了，总是亏损，看他的买点，我觉得还没入门。我劝他干脆别搞了，他说，劝赌徒下桌这是很难的呀，最好的办法就是让赌徒提高赌技。想想他这句话，是不是也有些道理？这些都是真人真事。

写书这个想法最开始是源于悟道历程中的一次发愿。有一天晚上，有个问题百思不解，在书房里来回转，相当郁闷。突然想到其他那些在股海苦苦挣扎的散户朋友，很是感慨。同是天涯沦落人，相逢何必曾相识。都说股海无边，回头是岸，实际上，好多人是进退两难。当时就想，将来如有心得，一定要写一本对散户朋友“真正有用”的书籍。但始终下不了决心，后来慢慢就淡忘了。2019年5月12日深夜，读《五轮书》，受到作者影响，才下定决心开始写作。于是就把做股票过程中的一些总结思考，整理后串在一起，再加上第一部分和第三部分，就形成了《情绪流龙头战法》这本书。

从目前来看，总的来说反响还不错，但不同段位的读者感受是不一样的，个人觉得写到这个程度应该是较大的突破了。毕竟任何书籍，都只是方向指引，对于股市这样深刻复杂、变化繁多的事物，文字不好表达，也不可能一一尽述。

写书其实也算是一种传道的过程，对初入市的散户朋友，你有什么建议?

你刚才说的传道，让人联想起人民教师“传道授业解惑”的“传道”，这两字是很神圣的，在学校，老师很无私，学生很纯洁。

但股市中可能就不一样了，都是成年人了。所谓的老师呢，未必都有这样的责任感。学生呢，未必都懂得尊师重道。互联网时代，看似信息发达，获取资讯很方便，好多初学者无知无畏，都以为看看微信公众号或者看看书就行了呢，试想一下，如果这样就能成功，股票这一行就太简单了，谁还亏钱呢？大家都不用上班了。关键是，就算最后一朝悟道，恐怕本钱也亏没了。

股市这一行比较特殊，初学者最大的问题就是无人指点，大家都是这样，一路走来基本都是走的“不断看书、不断亏钱”的老路。心理承受能力差的人，都很难坚持下去。我愿意通过这次访谈的机会，多回答一些初学者需要了解的一些问题。

对于初入市的散户朋友，我的观点很明确。如果确实热爱股票，一心求道，那建议一定要精进学习。交易系统未形成前，不可重仓，不要把宝贵的本金“牺牲”在求知的路上。

最后在具体技术方面，给初学者提个醒：一般来说，不要买均线呈“空头发散”的股票。另外，一定要及时止损。

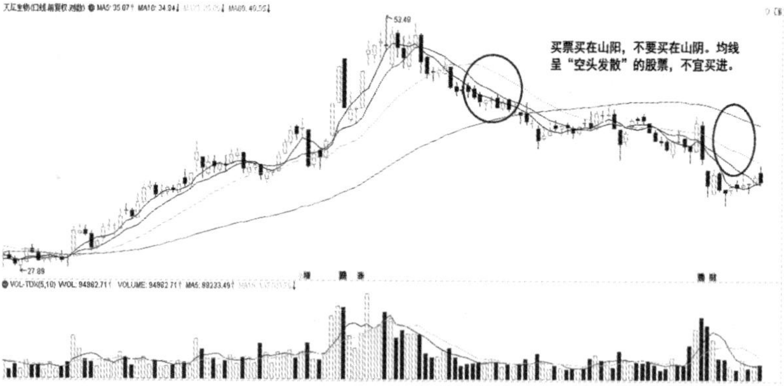

天坛生物日K线图

第二部分

股市与交易系统

什么是交易系统呢？我认为它是在对股市深刻认知的基础上，总结提炼出来的一些应对策略。所谓有什么样的股市世界观，就有什么样的股市方法论。而交易系统，就是股市方法论。

股市是认知的变现，考的就是对股市的理解力。人与人的强弱，体现在头脑里，体现在专业上。强者是明白人，是专业的。弱者是糊涂人，是业余的。股市就是少数明白人赢多数糊涂人的游戏。其实，任何一个行业，如果拿自己的爱好去挑战别人的饭碗，结果还用说吗？

情绪流三维共振理论，不但适用龙头战法，同样适用于价值投机。只是在运用的时候，价值投机会更重视基本面和投资逻辑，而龙头战法更重视情绪周期及题材的引领作用。

价值投资，重剑无锋。价值投机，巧夺天工。龙头战法，人中龙凤。

能不能对初学者描述一下你心中的股市?

好的。股市首先是融资工具，它是服务于实体经济的。说白了，企业在这里借了钱，可以不用还。企业筹集长期资本一般有三种方式，一是向银行借贷，二是发行公司债券；这两种方式都是借钱，有借有还，利息较高，并且有时间限制，因而有很大的局限性。第三种方式，利用发行股票的方式来筹集资金。对公司来说是最有利的，为什么？因为无需还本付息。说白了，有借无还。对股民而言，股票本身没有任何价值。

但为什么，这么多股民愿意进入股市呢？大家都想通过股市的波动赚取差价。就跟彩票类似，彩票本身没有用，大家都是想中大奖。股市就像一条河，具有天然的波动性，无风三尺浪，有风浪打浪，充满了无尽的诱惑。哪怕是啥也不懂的人，都有可能赢几把。老虎机就是这样，你扔一把硬币，偶尔也能吐回来，不然就没人玩了。但一直玩下去，你见过有赢的吗？

股市不同，确实存在长期稳定盈利的方法，但掌握在少数人手中。少数人赢多数人是资本市场的铁律。也就是说，少数人的成功是建立在多数人失败基础之上的。

任何人刚进入股市，必然要亏损，都要给市场交纳学费，但多数人会持续亏损直到亏光离桌，只有少数人能逆天改命。但股市总是能诱惑更多的人持续不断地涌入，这正是股市赖以存在的原因。

关于股市，能不能进一步谈谈你的看法？

通过发行股票来筹集资金，是发展大企业经济的一种重要形式，这也是所有国家设立股市的初衷。股市的出现是“对国家发展有益，对全体人民有益”的创举。

对参与者来说，如果你是强者，股市是实现英雄梦想的江湖，是再造自我的熔炉。无论你在别的领域如何成功，如果不来股市，你不会知道自己还有这么多的缺点。所以，一个人如果想修心求道，不妨来股市感受感受，因为股市真的是尘世的佛门，是修行的道场，是哲学思维的殿堂。

但对于弱者而言，股市就是绞肉机，绞的虽然不是肉，但痛如割肉；股市就是屠宰场，虽然宰的只是钱，但痛不欲生。

从股市设立的初衷来看，股市是成年人的游戏，也是有钱人的游戏。赢的自得其乐，输的无伤大雅。愿赌服输，各得其所。但从实际的结果来看，股市就是财富再分配，而且合理合法。而且结果往往是，有钱的越有钱，没钱的更没钱。

股市让有钱的越有钱，没钱的更没钱。为什么呢？普通散户到底有没有可能通过股市成功呢？

因为有钱人往往是强者，即使在没有钱的时候，他是强者思维。而没有钱的人，往往是弱者，即使曾经有钱，但他是弱者思维。

股市是认知的变现，考的就是对股市的理解力。人与人的强弱，体现在头脑里，体现在专业上。强者是明白人，是专业的。弱者是糊涂人，是业余的。股市就是少数明白人赢多数糊涂人的游戏。其实，任何一个行业，如果拿自己的爱好去挑战别人的饭碗，结果还用说吗？

所以没钱的要成为有钱人，太有可能了。只要你是强者，充分认识股市博弈的本质，从而奋发向上，没钱只是一时。股市给了无名英雄平地崛起的机会，也给那些自命不凡的有钱人留下了滑向深渊的暗门。

股市里盈利技术成分大，还是运气成分大？

当然是技术。跟中国象棋一样，技术过硬的人，有时候也会输，但长期是赢。

您怎么看价值投资与题材投机的区别？

准确地说，这两个名词应该叫价值投资和题材投机。个人认为，能创造GDP，能解决就业，能为国家创造税收的商业行为才是投资。比如实业就是如此。打个不恰当的比方，开设赌场就是投资，而赌客的任何模式，都是投机，都是博弈。

投资听起来很正面，一本正经。而投机给人感觉则很负面，不务正业。国家把股民称为投资者可以理解。我们无法想象，如果国家把股民称为投机者，会是啥影响。呵呵。

但其实，股市并不创造GDP，只是财富再分配。我认为，只要是低买高卖的行为，无论哪种方法，其本质就是投机。价值投资的理论显得高大上，让人不易认知其博弈的本质。实际上，所谓的“价值投资”其实也是投机的形式之一。对于初学者来说，只有撕下“价值投资”温情脉脉的面纱，充分认识博弈的实质，才不至于掉入“高位站岗”的陷阱。

其实，任何一种盈利模式都是股市规律的表现，没必要厚此薄彼。只要合法，能盈利，一切OK。区别在哪呢？粗略地说，价值投资的股票缓涨缓跌，胜率相对较高，掌握难度相对较低。而题材投机则相反，对技术要求更高。

但客观地说，在适宜的环境下，只有龙头战法才能在兼顾安全的前提下，保证效率的最大化。

您对基本分析和技术分析怎么看?

基本分析认为，每个企业具有其内在价值，股价最终反映的是企业的内在价值，因此，当股价低于内在价值时，可以做买入操作，而当股价高于企业的内在价值就应获利售出。但对于普通的散户，一般只限于了解公司的市盈率、市净率、每股收益等常用财务指标，相对复杂的财务数据根本就看不懂，怎么合理评估上市公司的内在价值？好多人都不会看上市公司的财报，为什么？看不懂。更别说财报是否真实，也无从考察。

散户作为独立决策人，没有职业经理的专业素养，更没有专业机构的团队分工，也不可能上门调研。所以，孤立地靠基本分析作决策，对散户不现实。据说，游资界大佬 “炒股养家”在搞龙头战法以前，用了十年的时间研究基本分析。

技术分析呢，则认为“价格包容消化一切信息、价格以趋势方式波动、历史会重演”。理论上也似乎无懈可击，不能说没有道理。可能正是这个原因，市面上的书绝大多数都是技术分析。但技术分析又难免走向神秘化，总有人喜欢讲“必涨形态和指标”。散户无从辨别，往往陷进去了，从而浪费很多时间。

总的来说，基本分析和技术分析是股林江湖的两大门派，各有其价值，都是一代一代的智能之士对于未知事物努力探索的表现。但在实践中，我不相信，孤立地运用基本分析或技术分析能成为成功的交易员。或者说，我相信任何成功的交易员都不会孤立地运用基本分析或技术分析。

但从理论上讲，如果孤立地运用基本面分析，只要选股得当，耐心超好，有可能成功。但效率未必高，而且很难复制学习。如果孤立地运用技术分析，成功几无可能，但不能因此抹杀技术分析的价值。打个比方，一张桌子四条桌腿，一条腿撑不起一张桌子，但你不能因此否认这条腿的作用。

有些朋友喜欢走极端，把技术分析全盘否定了，我认为也是不对的。技术分析认为“价格包容消化一切信息、价格以趋势方式波动、历史会重演”，仔细想想，难道没有道理吗？能轻易否定吗？

你怎么看待技术指标?

关于指标，我先说一个现象。有人从事股票多年，花了很长时间研究各种技术指标，都成专家了，随便一个指标都可以讲上半天。初学者无知，佩服得不行。但其实他自己的实盘操作都不行。这是为什么呢?

原因很简单，所有的指标都是在价格或成交量的基础上“折腾”出来的，就像人和影子一样，指标就是影子，它只是真身当前状态的反映。是人决定影子，还是影子决定人的走向？答案不言自明，我们可以通过影子的变化来认识真身的状态，但不可能预测真身下一步的走向。对不对?

总之，指标的作用，就像眼镜之于眼睛一样，只是帮助人们更好地理解价格运动当前的状态，但预测功能，那是没有的。初学者之所以迷信指标，是因为他的理解力还没达到一定高度的缘故，很正常。

我这样说，也许有的初学者要问了，这么多的指标，你知道几个？怎么就可以妄下结论呢？打个不恰当的比方，如果我们说，人就是两个肩膀抬个脑袋，那需不需要把地球上70亿人都叫来看一看？再打个比方，如果我们写小说，需要描述盗贼的心理，那需不需要自己实际去偷一回东西？某种意义上讲，擅长揣摩和推理，是一种智慧。

美国人威尔德，是著名的相对强弱指标RSI的发明者，除此之外，他还发明了其他一些指标，动力指标，抛物线等等，1978年，威尔德写了一本书来阐述指标的重要作用，名动一时。没想到20年后，他自己又写了一本书，说原来那些指标根本就没啥用，并提出了一个新的理论“亚当理论”，有意思吧？

人非生而知之者，在求知的道路上，谁没有错误的认识呢？但关键是不能太偏执，我们要学习威尔德这种不断自我扬弃的精神。

有一种说法，用基本面择股，用技术分析择时，听上去很完美，您怎么看？

作为股林江湖的两大门派，市面的书籍，互相攻讦的不少。于是有人就想，以基本面择股，用技术分析择时，不就完美了吗？估计好多人当初也这样想过，其实，这依然是想当然的表现。

贾宝玉和林黛玉两个人结婚听上去很完美吧？人类关于爱情的美好故事为什么总是在结婚前戛然而止？大家都吟诗去了，谁来做饭带娃？听上去很完美的事，未必切合实际。

实践出真知。任何盈利模式，只要忽略“市场情绪，题材风口”，效率一定不高。正因为如此，我写了《情绪流龙头战法》，希望对有缘的初学者有些帮助。

情绪流是一个什么流派？请你谈谈情绪流的交易理念，它和基本派、技术派等其他流派有什么不同？

股票是一门关于概率的学问。在实战中，成功的交易员都不可能孤立地运用某一方面的知识，或者说，成功的交易是把影响胜率的各个核心要素提炼出来，进行综合考虑的结果。而情绪流正是如此，强调三维共振。我认为，传说中的那些交易高手，都是自发或自觉运用三维共振的结果。

“情绪流”这个词本是戏谈，《情绪流龙头战法》书中第三部分《股市天经》把基本派、技术派、缠论派、题材派、情绪流等当作了一个个独立的门派，是为了增加阅读的趣味性。为什么不称之为“综合派”而称之为“情绪流”呢？

价格运动如潮水之涨落，《孙子兵法》云：水之形，避高而趋下，兵之形，避实而击虚；水因地而制流，兵因敌而制胜。是故，兵无常势，水无常形，能因敌变化而取胜者，谓之神。孙武能从流水的特性揣摩战争之道。股票与战争近似，同样如此，当明其理，顺其势。另外，在影响胜率的核心要素中，市场情绪最关键，所谓“择时重于择股，周期重于题材”，充分说明把握市场情绪的重要性。在极端情况下，可以说，情绪之下无题材，情绪之下无形态，情绪之下无价值。或者说，情绪面>题材面>技术面>基本面。

情绪流的交易理念就是“三维共振”。所谓共振，就是各种有利因素的聚合，就是概率的叠加。但运用的效果取决于对“天时，地利，人和”三个方面的具体把握，其中，天时是指情绪周期，地利是指K线形态，人和主要是指信息题材及个股的市场地位。

情绪流三维共振理论，不但适用于龙头战法，同样适用于其他盈利模式。只是在运用的时候，侧重点不同。比如短线，更强调短线情绪，而中长线的个股，则跟指数情绪高度相关。此外，短线重视突发性题材。而中长线重视个股基本面和长期主题。模式不同，效率不同，难度也不同，风险也不同。

选择哪一种模式，实际就是检验我们对市场和自身的认识。选择不同的路，就得吃不同的苦。选超短你就得每天看盘复盘，抓住主流。选中长线就要耐得住寂寞，与自己的情绪和市场波动做斗争。

总的说来，情绪流和基本派、技术派等其余门派并不是并列关系，而是借鉴吸纳与被借鉴吸纳的关系。值得说明的是，情绪流的技术分析暗含或然思维。可以预判，但反对臆想，一切以盘面表现为准。

对于情绪流龙头战法来说，除了三维共振，还强调要有龙头思维。

情绪流作为一个系统，能解决实际问题吗？

我先讲讲我对武术的理解过程。上大学时，有位体育系的同学说，啥叫武术，力大汉子粗就叫武术。当时我不理解。后来听说“一力降十会”，还是不理解。因为我不懂武术。直到太极雷雷的事网上传开，人们才发现，传武PK不过散打，这是一个普遍现象。事实上，那些练十年八年武术套路的，往往还打不过一个街头混混。说明什么？原来，力量和速度才是武术的核心要素，其次才是技巧。

股票，尤其是短线更是如此，“情绪周期，K线形态，题材逻辑”才是股票交易的核心要素。就像人间的故事，无非“感情、金钱、权力”，是从大量的现象中观察提炼出来的结果。那么，基于三大核心要素的三维共振，不就相当于股市截拳道吗？

一套理论能不能解决实际问题，实践说了算。事实上，游资大咖们的成功已经说明问题，他们的起点和一般普通散户并无不同。

共振，应该是一个物理术语，三维共振作为一个交易系统，请问这个共振怎么理解？

共振是物理学中的术语。大家都知道军人过桥，如果频率一致，会产生极大的威力。所以军人过桥，都是便步，不能齐步走。

三维共振中的共振，怎么理解呢？其实，情绪周期和K线形态暗含了股价上升的推动力，而信息题材暗含了股价上升的牵引力。三个力同频向上，不就是共振吗？同样能产生很大的威力。这样就好理解了。

股市赚钱不易，可大家还是乐此不疲地纷纷涌入股市。作为初学者，应该注意什么问题？

我是觉得受人性“趋易避难”心理的影响。人们都知道几乎所有行业都有门槛，赚钱不易。股市没门槛，都以为股市赚钱容易呢，殊不知没门槛的恰恰是最难的行当，股市是典型的易亏难赚。人都是这样，很容易高估自己。就跟现在的婚恋市场一样，男女双方都容易高估自己，低估对方。60分的人，眼光都是90分。但在对方眼里，可能只有40分。

段永平先生也曾说，做企业，都会在自己熟悉的领域。而做投资，总会遇到新的东西和不确定性，而人，恰恰会在自己不熟悉的领域高估自己的能力。初生牛犊为啥不怕虎？因为牛犊没啥阅历，老虎超出了自己的认知，从而高估自己。对吧？

所以有人说，股市是上帝针对人性弱点发明的陷阱，太有道理了。人只有知道得越多，才发现自己懂得越少。而无知时，最自信。人最容易犯“一无所知，自以为是”“一知半解，自以为是”的毛病。

初学者刚入股市，就想赚钱，想赚大钱，赚快钱。可以理解，但世上哪有这么容易的事呢？多年前，班主任告诫我们进入社会后要加强学习，曾说过一句名言：“哪怕是吃屎，也需要师傅啊”。确实是话糙理不糙啊。股市这一行，如果没人提醒，很容易丧失警觉，一步步滑向亏损的泥潭。

所以，建议初学者一开始就要意识到股市的本质，切不可重仓胡来。一切行动只能以建立交易系统为唯一目的。

交易系统到底是什么呢?

对于交易系统来讲，一般的散户朋友是知之不多的，尽管有些业内人士也时时地把交易系统挂在嘴边，其实你要让他说个123，也未必说得上来。但是实事求是地讲，股票交易如果没有交易系统，就会像老虎机一样，你投了钱之后偶尔会给你吐出来一点，但是结果一定是亏，时间越长，亏得越多。

那什么是交易系统呢？我认为它是在对股市深刻认知的基础上，总结提炼出来的一些应对策略。所谓有什么样的股市世界观，就有什么样的股市方法论。而交易系统，就是股市方法论。一言以蔽之，交易系统就是交易员源于对股市的深刻认知，而总结出来的战略思想和战术规则的总和。

个人认为，广义的交易系统分为四个部分：技术决策系统，看盘及辅助系统，情报收集系统，复盘总结系统。一般我们说的交易系统，是指技术决策系统。情绪流的技术决策系统，用一句话概话就是三维共振。

对于股市而言，一两次成功的交易毫无意义，只有长期稳定盈利才是王道，这正是交易系统的意义所在。

《情绪流龙头战法》书中有句话“审局有高度，识局有角度，入局有精度，出局有速度”。怎么理解呢？跟交易系统有关吗？

我认为，交易系统实际就是股市方法论，所谓世界观决定方法论，一个卓有成效的交易系统，是以对股市的深刻认知为前提的。

“审局有高度，识局有角度，入局有精度，出局有速度”，这四句话，前两句谈的如何深刻认识股市，后两句实际上是方法。对多数人来说，股市就是一个迷局，我们需要从一定的高度和不同的角度全面而深刻地认识股市。

“审局有高度”呢，我想表达的意思，就是在认识股市时，不妨“把自己先摘出来”，所谓“高度”，就是如同站在月球看地球一样，把股市当作一个有机的整体，认识其微观随机性，把握其宏观规律性。

“识局有角度”呢，需要把自己放进去，还要懂得换角度。换角度是一种重要的思维方式，生活中我们经常遇到这样的人，凡事总是怪罪他人。有句话说得好，凡事怪别人，一想就疯；自身找原因，一想就通。股市也是这样，比如，如果你是主力，你会怎么想？怎么做？更重要的是，我们要不断审视我们自己，深刻剖析大部分人惯有的想法和做法，然后反向而行。

"入局有精度，出局有速度"，这两句话讲的是方法，是情绪流龙头战法的精要之一。入局有精度，强调了龙头战法并非一味买高度板，这是情绪流龙头战法区别于某些龙头战法的重要区别。出局有速度呢？其实是心法的外化，无论你主要买的龙头，还是偶尔买了跟风，都强调速度，该出则出，果断绝决。这个心法，可能对于初学者来说，不太好懂。龙头战法的学习过程，也是心灵再造的过程，很多人做不好龙头战法，其中一个原因就是忽略了修心的重要性。

龙头战法选手，某种意义中，就像剑客，一流的剑客往往有高超的剑术，同时还有强大的精神意志。书中打油诗中谈龙头战法，有这么一句话"龙头战法做超短，多情剑客无情剑"，指的也是这个意思。

刚才您提到了有什么样的股市世界观，就有什么样的股市方法论。交易系统实际上就是方法论。那是不是可以这样理解，一位交易员在形成他的交易系统之前，就有必要先明确他想赚什么钱？或者说他必须先明确他的盈利模式？

是的。我们经常发现不同的盈利模式的交易员，总是出现同行相轻的现象。我认为这是自我设限。一是受能力的局限，另外跟个性和认知有关。我打一个比方，假如说做价值投资的交易员，他如果知道手中这一只票，像英特集团那样，几天赚一倍，他会不做吗？他不会。反过来，做题材投机的，要是知道某只票，如亚士创能，一年赚N倍，他会不做吗？也不会。所以人都是有局限的。

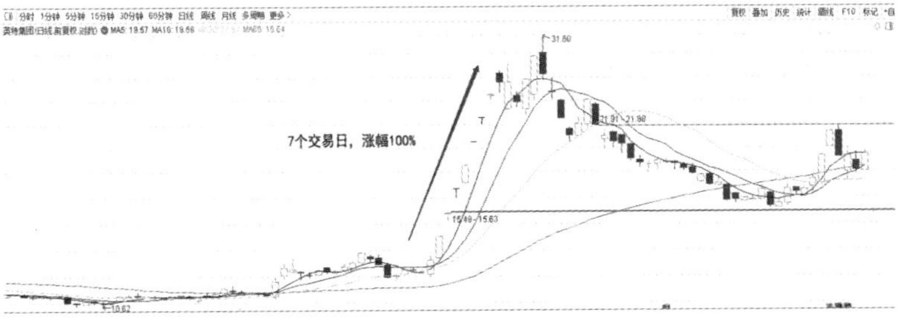

英特集团日K线图

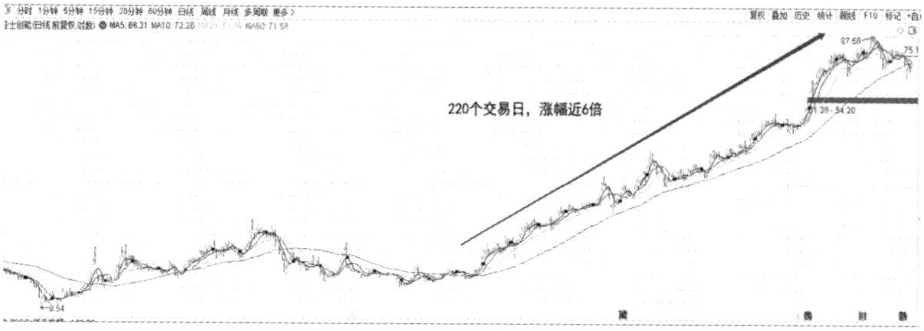

亚士创能日K线图

另外是跟个性有关。有人风险偏好比较大，他要寻求刺激，敢于弄险，所以说他可能去选择龙头战法，有些人可能从另外一个维度来讲的，他觉得股票是一项工作，那么工作的话都要有稳定收入，OK，他用稳健的方式来做。

你提的这个问题，非常好。一位交易员在形成自己的交易系统之前，得先明确你想赚的是什么钱，效率怎么样，安全性怎么样，价格运动跟什么因素紧密相关，自己需要储备哪方面的知识等等。比如说，如果是价值投资，要研究其商业活动，那就需要有一个企业家的头脑。

你对价值投资怎么看，你觉得价值投资是可以复制的交易系统吗？

龙头战法是题材投机的主要模式，有些做龙头战法的人，好像觉得自己的交易系统很牛，然后就把那些基金经理所秉持的长期投资的理念贬得一无是处。至于基金经理，几乎都看不上题材投机，满口专业术语，俨然以股林正宗自居。个人浅见，可能都是盲人摸象式的认知。

价值投资和题材投机，其实质，都是股市投机。股价的波动，短期受题材影响，自然就衍生出一套短线打法。长期呢，受基本面影响，遵从统计规律，都是股市客观规律的反映。

但价值投资的实质是商业活动，买股票就是买公司，宽大的赛道，高垒的护城河，长期主义，信念持有，不赚不出。我个人认为，在所有的盈利模式之中，价值投资提供了一个相对稳胜不败的格局，是一种简单而深邃的投资哲学。

但我相信成功的价值投资者，也不会孤立地运用基本分析来炒股，不会机械地执行“买入然后持有”。总的来说，短期来看，效率不高，长期来看，确定性更大。这是值得所有做短线的人，特别是做龙头战法的人深思的。

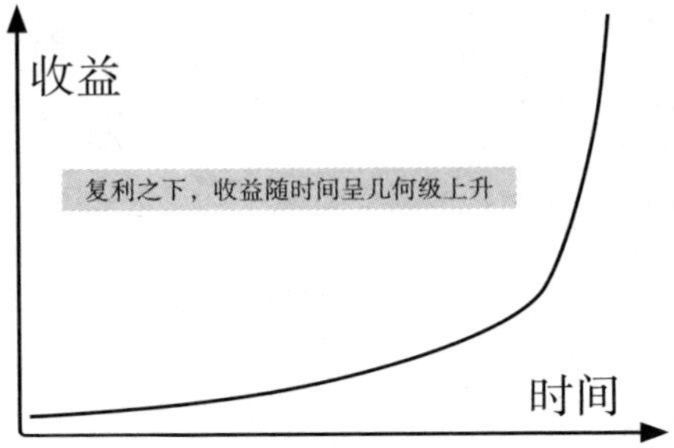

龙头战法的效率既然那么高，难度自然就不小，对短线选手的要求自然不会低，就像你喜欢刘亦菲，但你也得想想，刘亦菲又喜欢什么人，要多长时间才能追上。得有心理准备。风险偏好较小的散户朋友，建议选择合适的模式。两点之间，直线虽然最短，但未必最快。但是，必须说明的是，龙头战法是股市博弈皇冠上的明珠，是股林当之无愧的最高武学，毋庸置疑。此外，给人带来的哲学的思辩和博弈的乐趣，非个人中不知也。

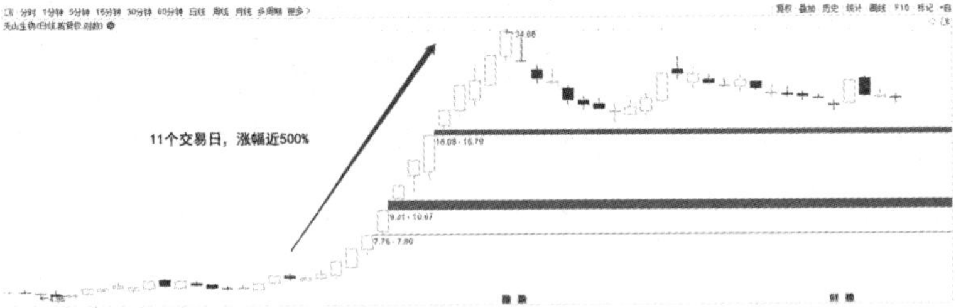

天山生物日K线图

对于价值的判断，这是机构的专长。除了公认的行业龙头，我觉得一般的散户朋友，由于专业知识的欠缺，又不能实地调研，单凭网络资讯，很难判断一只股票有没有长期投资价值。所以，我无法回答价值投资是不是一个可以复制的交易系统。

但是，如果我们把标准降低一点，时间看短一点，脑子灵活一点，把价值投资这个词，变一变，变成价值投机，我认为这是完全可以复制的。

能不能用最简短的话来描述股市中几种盈利模式各自的特点？

价值投资，重剑无锋。价值投机，巧夺天工。龙头战法，人中龙凤。

那你觉得龙头战法是一个可以学习复制的交易系统吗?

当然可以复制。

这儿说明一下，龙头战法的适用范围并不只是短线连板，龙头战法的祖师爷利弗莫尔，他那时可没有涨跌幅限制，而且还是T+0。但在A股，龙头往往是指短线龙头，即不断连板的龙头。

毫无疑问，龙头战法是股市博弈皇冠的明珠，是股林当之无愧的最高武学。但是，领会龙头战法需要时间磨砺，非一日之功。你想，就像日行千里的烈马，有非同凡响的功用，是不是驾驭起来自然就有难度？要掌握龙头战法，需要全面深刻的学习和自我再造。

对于初学者来说，龙头战法可以学习，但不可沉迷其中，重仓瞎试。因为给市场交学费是必然的，且交得更多，时间更长。如果一意孤行，可能很多人等不到稳定盈利的那一天。

龙头战法就是当龙头走出来为市场公认的时候，买入即可，你对此怎么看？

只要是股民，没有不知道龙头战法的，这要归功于一代奇才利弗莫尔。但短线龙头战法到底是什么？应该怎么做？确实也是众说纷纭，网上有些朋友很擅长写，也擅长说，用很煽情的语言把读者搞得血脉贲张，似乎掌握龙头战法很容易似的。其主要观点就是，龙头战法就是当龙头走出来为市场公认的时候，买入即可。正不正确呢？当然正确。但在实践中真的害人不浅。

技术分析为什么迷惑人？就是事后解释无懈可击，上述观点也是如此。在事发当时，如果一个人总是能“正确分辨龙头和入场环境”时，多是“身经百战、九死一生”的结果。既然如此，他的买点早就应该提前了。初学者要这样干，一定是时而正确，时而不正确，且容易掉入臆想龙头的陷阱，最终还是败多胜少。

“炒股养家”有句名言：高手买入龙头，一流高手卖出龙头。如果养家的话是正确的，那么请问一流高手又是在哪个位置买进的呢？是不是耐人寻味？

前面谈过智慧和聪明的区别，有些朋友很聪明，又爱学习，但毕竟是重复别人的思想。建议初学者要养成独立思考的习惯。

创业板注册制改革后，尤其是取消涨跌幅限制，实行T+0后，龙头战法还适用吗？

当然适用。大家都知道，利弗莫尔是龙头战法的鼻祖，他那时候可没有涨跌幅限制，还是T+0，前面也提到了。可见，龙头战法跟搞不搞注册制无关。注册制已经过去几个月了，实践证明龙头战法确实一样是适用的。

另外，要说明的是，龙头战法是利弗莫尔创造的吗？不是的。他只是龙头战法的天才发现者和杰出的运用者。注意啊，那时候连计算机都没有出现呢，手机都没有，更没有微信群。可见龙头战法，并非是某一个人，或某一群人故意制造出来的，正如“情绪传递，强者恒强，物极必反”是股市固有规律一样，龙头战法是股市固有规律作用下的结果。

因此，我认为，只要股市存在，龙头战法永远不会消失。

交易总要通过盘口，好多初学者对盘口很是不解，你怎么看？

人们说的盘口，应该有两重含义。一是盘面窗口的简称。包括分时走势，成交量，常用指标，内盘外盘，买卖十档，分时成交明细，逐笔委托，移动筹码分布，等等。二是指决定个股走势的关键因素。其中，买卖十档颇为神秘，似乎里面藏有不可言说的玄机。很多初学者受了技术分析一些书的影响，很执迷于这个。

交易总要通过盘口，这不假。但是初学者必须明白，建立交易系统是根本前提。如果没有交易系统，片面地研究盘口没有任何意义，所谓不谋全局者不足谋一域。如果不懂得股市“情绪传递，强者恒强，物极必反”等规律，如果不明白个股涨跌跟题材风口、资金情绪的关系，执迷于盘口有啥用呢？至于十档盘口的挂单，如果说能决定交易成败的话，那同花顺、通达信这些软件公司最擅长剖析这个了，直接炒股票就好了，对不对？

在短线交易实战中，十档盘口我一般都不看，我比较看重分时走势，成交量，逐笔委托或分时成交，但真正决定我们下单的还是交易系统。

所以，如果说，交易总要通过盘口，那这个盘口，表面上是某一时刻的电脑盘面，实际上，没有人脑中的技术决策机制，一切都是浮云。

关于顺势而为，可以谈谈你的看法吗?

顺势而为，指的是做事要顺应人心之所向，顺应潮流之所趋。孙中山先生曾说："世界潮流，浩浩荡荡，顺之则昌，逆之则亡"。据说，这是他在1916年9月，在浙江海宁观看钱塘江大潮后写下的名句。做企业也是如此，个人的天赋能力固然重要，紧抓时代红利才是企业家心照不宣的秘密。小米总裁雷军也曾说，勤奋努力虽然重要，但要取得成功，必须顺势而为。什么意思呢？就是你的项目必须在风口上。

搞政治需要顺势而为，搞企业需要顺势而为，做股票同样如此。可见，顺势而为是放之四海而皆准的大道理。是道的层面。

为什么做股票也需要顺势而为呢？道理很简单，个人实在是太渺小了。对于散户朋友来说，你把你所有资金全砸进去，你看股价能不能上涨一分钱？时间长了，你就不得不去思考其中的道理，顺势而为，其实就是顺应客观规律。要做到顺势，先得明势。

趋势是怎么产生的？对于股票而言，主力是趋势的创造者和维护者。

短线龙头战法中，游资和私募是主力。对于短线龙头战法的借势而为，在《情绪流龙头战法》书中第三部分《股市天经》第五回有较详细的说明。趋势战法中，机构是当之无愧的主力。只要能识别主力踪迹，盈利就不是难事了。但要说明的是，顺势而为的势，并非是K线的实际走势，而是它的方向。

主力是趋势的创造者和维护者。那主力是不是就可以随心所欲呢？也不是。他们同样需要顺势而为，借什么势？信息题材的势，大盘的势，尤其是散户的势，得散户者得天下。

如何理解“反常规，反共识，反人性”这句话呢？

作为初学者一定要明白，成功者始终是少数，其实在实业领域，成功者同样是少数。不同的是，实体经济包容性强，你不一定要当老板，你可以当合伙人，或者高管，或者职员。大家都可以实现共赢。资本市场则不同，要么成为铁锤，要么成为铁砧。或者说，要么成为猎人，要么成为猎物，没有中间状态。有人说，股谚不是说，七亏二平一赚吗？这只是粗略的说法，是想说明股市易亏难赚。事实上，当一个人能在资本市场做到不赚不赔，他很快就会加入赚钱的行列。

少数人赢多数人是资本市场的铁律。多数人是什么样的人？从众心理，走寻常路，凭感觉行事。而散户正是这样的多数派，试想，按照多数人的思维来思考和行动，怎么能战胜多数人呢？

正因为如此，有人说，要与主力为友，与散户为敌。正因为如此，初学者一入门，就要准备好跳出舒适区，做好“长征”的准备。其目的，就是要不断扬弃，走到大多数人的对面去。

所以，初学者一开始就要自我驱动，就要养成“劳心”的习惯。

你说的“劳心”，如何理解呢？关于“反常规，反共识，反人性”，能不能举例说明？

古人说，劳心者治人，劳力者治于人。这句话有封建糟粕，未必对。但如果我们取其中性意义，就不得不说是相当有道理的。

我们看实体经济里的创业者，无论是新型商业模式的构建，还是依托某一项科技发明，是不是独辟蹊径、深度思考的结果呢？成功的创业者都具有多数人不具有的特质。在股市，虽然说，股民的劳动基本上都是脑力劳动，但相对少数人的“深度思考”而言，多数人的认知和思考是不够的，甚至可以说，是按本能行事，想当然，凭感觉。

打一个不恰当的比方，我们来做一个数学题。700/25=？多数人是不是按步就班地做除法，然后得到答案的？假如有一个人这样做，$\frac{700}{25}=\frac{700\times4}{25\times4}=$2800/100=28，是不是要快一些？但假如还有一个人这样做，$\frac{700}{25}=\frac{7\times100}{25}$=7×4=28，是不是就更快？比方或许不恰当，但我想说明的是，思考致胜，反常者赢。

关于反常规，举一个初学者好懂的例子，多数初学者有这个经历，一只股票从高处向下跌，有一天突然放大量，多数人本能地想，跌得差不多了，主力来了，然后就买进了。这就是常规思维。

如果你反过来这样思考："既然我认为跌得差不多了，既然我认为成交量放大是主力进场，然后跟着进场了，那其他人是不是也是这样想，然后进场的呢？既然大家都这么想了。那放这么大的量，是主力的量还是散户的量呢？退一步说，如果里面有主力有散户，主力不洗盘就会拉动股价吗？如果自己是主力会怎么做？如果他要洗盘，第二天还能涨吗？既然如此，还能不能跟多数人一起买进呢？"这就是反常规，反共识。

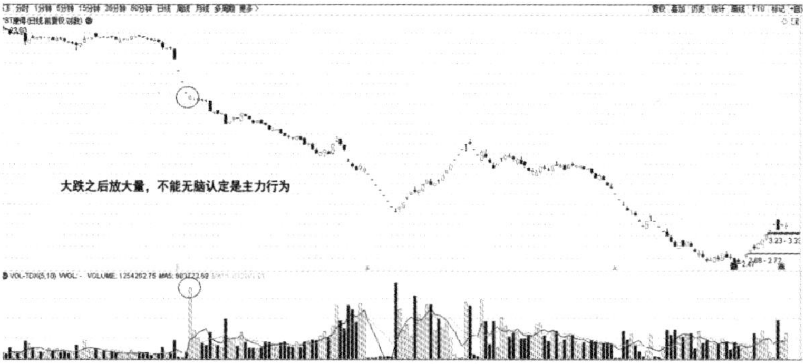

对于某些形态的个股，完全看不出主力在哪儿吸筹，但为什么还能涨停，甚至是不断地涨停呢，这是为什么？

关于股票涨停，有哪些原因，对于短线选手来说，这是入门的第一课。记得《情绪流龙头战法》书上曾讲过一个例子。智慧农业一路下跌，根本看不出主力在哪儿吸筹，但却不断上涨。再举个例子，深赛格也是如此，而且更极端，直接以一字板上涨。

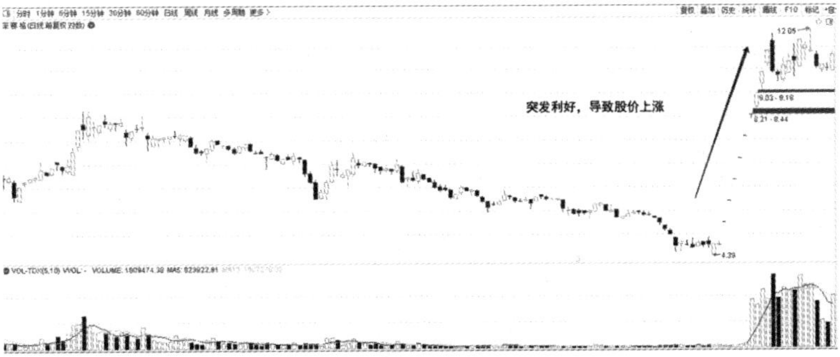

深赛格日K线图

初学者入市，开始都是学的技术分析。都知道股价上涨，是主力吸筹后拉升的结果。但是，难道所有的涨停都是如此吗？不是的。还有一个原因。突发利好消息刺激，市场合力拉升股价至涨停。

股价上涨，直接因素是资金的推动，资金的背后是人，而人必然受“心理”影响。而利好的政策和消息给人想象，让人产生股价上涨的预期，于是一部分先行者入场，股价异动上涨，不断地吸引各种类型的资金纷纷入场，最后封板涨停。

其实，即便是主力吸筹的个股，它要拉升，也需要借力题材。所以说，题材就是风口，题材就是第一生产力！

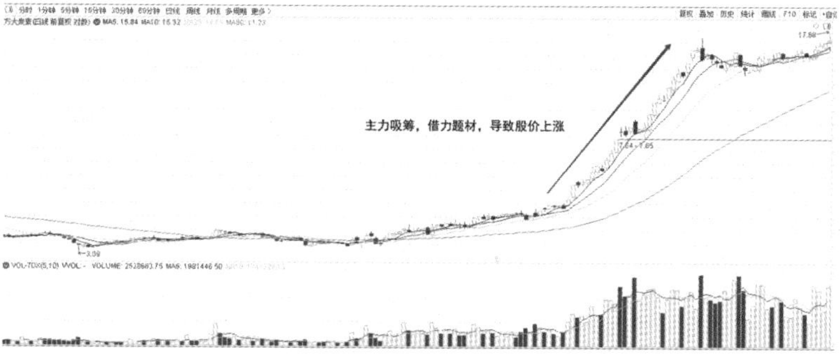

方大炭素日K线图

K线形态类似的个股，但走势可能完全不一样，初学者往往百思不得其解，这是为什么呢？

个股K线形态类似，而走势不同的例子，一时想不起来。但这个问题，充分说明了某些技术分析的书讲的“必涨形态”是站不住脚的。股价的涨跌，跟个股的基本面、信息题材、筹码结构、市场氛围等诸多因素相关，尤其是信息题材和市场氛围。K线形态相似的个股，走势不同完全是正常的。

打个极端的比方，形态相似的两只个股，其中一只个股，第二天出个ST公告，另一只出个重组公告，那走势必然是天差地别。

同样一只股票，不同时段表现不一样，比如青岛中程，能在底部9月11日埋伏待涨吗？你怎么看？

事后来看，当然是可以。但如果我说可以埋伏，那就是事后诸葛亮了。A股里，有一类型的股票，特别是小盘股，由于没有资金主动运作，那这种票的涨跌起伏，有时跟题材相关，有时就随大盘起落。

青岛中程这只票，2020年7月23日，是因为受题材的影响，它当时是有色题材的小龙头；9月11日这两天，是受天能重工及光伏题材的影响；9月23日前后，是受龙头双良节能的影响；9月30日，则是受恒星科技的影响。

但题材和龙头的出现都有随机性，不可能是事先编排好的。所以说，如果底部埋伏待涨，不是短线操作的做法。但如果说换另外一种投资逻辑，那就是另一回事了。

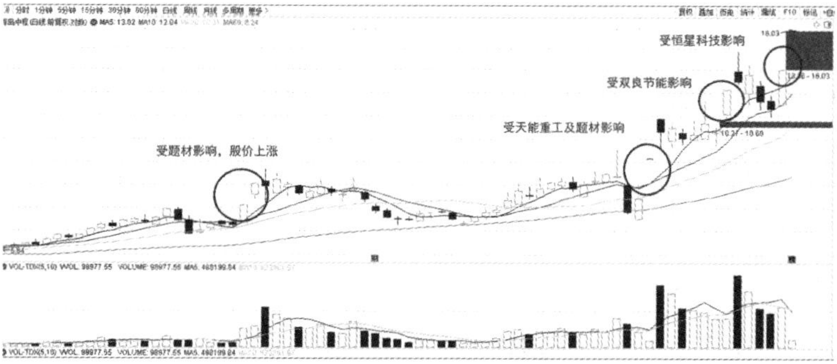

青岛中程日K线图

市场行情不好时，如果轻仓，多少仓位合适？

这个问题问得好。为什么呢？因为指出了一个非常重要的问题，股市有兴衰交替，任何模式要盈利且有较高的效率，其关键在于控制回撤。

一天有白天黑夜，一年有春夏秋冬。自然界的花草树木，春夏繁盛，秋冬零落。股市和自然界一样，也会呈现出繁盛、枯败交替变化的过程。也就是说，好行情和不好的行情就会交替变化。

对于短线龙头战法来说，行情不好时，风险很大。表现为，涨停家数少，连板高板低，炸板率高。总之，人们追涨意愿低，很容易造成亏损。初学者亏损后，往往又容易报复性重仓交易，结果越亏越多，是很伤人的。

对初学者来说，在市场行情不好时，最好就是空仓。交易经验比较丰富的短线选手，轻仓找找盘感，也未尝不可。但多少仓位合适呢？机械地回答一成或三成仓位都不科学，我认为，用前期利润作为基准比较好，一成也好，三成也好，视情况而定，都可以。

值得一说的是，有些初学者喜欢事后诸葛，轻仓做了一只票，成功了。于是他就想，要是全仓这么干的话，那该多好。这是欠妥的。打个比方，有人说，如果猜对大盘三天，富可敌国。如果用事后的眼光来看，那三天前能倾家荡产买进吗？

股谚说，会买是徒弟，会卖是师傅。我认为，会空仓的，是师傅的师傅。总的来说，行情不好时空仓为宜。

你在书中反复提到初学者不可重仓，又建议初学者做股票要先易后难，这是出于什么考虑？

我曾经看过这样一则短视频，一只可爱的小鹿蹦蹦跳跳地来到一只老虎面前，它涉世未深，哪里知道老虎的厉害呢？老虎呢，开始还逗它玩耍呢，玩着玩着，就暴露出凶残的本性。股市像不像这只老虎呢？而初学者，像不像这只可爱的小鹿？

作为过来人，深知股市的迷惑性。啥也不会，也有小赚的时候，是不是感觉很好玩？但最终的结果，总是使人掉入亏损的泥潭。所以，我是希望有缘的读者不要犯这个错误。

大家都是过来人，建议初学者不可重仓，做股票要先易后难，是出于良知提醒一下。因为初学者进入股市，容易丧失警觉，甚至产生某些幻想，比如现在亏了不打紧，以后赚回来就是了。很多初学者，刚入市呢，就想赚快钱，他不知道股市的特点是易亏难赚！生活中，网络中，到处都充斥着股票败家的故事。

钱这个东西吧，怎么说呢？古人说，富贵如龙，游遍五湖四海；贫穷如虎，惊散九族六亲。美人一笑千金易，壮士穷途一饭难。在股市里摸爬滚打的多是男性，不是每个人家境都那么好，好多散户朋友积累点钱不容易。没结婚的得结婚，结了婚的要养家糊口，都是不容易的。股市易亏难赚，不是每个人都有意志和能力做到逆天改命。

人来到股市后，容易犯糊涂，所以提醒一下。说来也有些感慨，交易，正是利用了对手盘的非理性，要是所有的初学者都理性，股市可能就不存在了。少数人赢多数人是资本市场的铁律，多数人是必然要失败的。反正你不亏损，就是他亏损，我能做的就是提醒有缘看到本书的读者朋友。但我发现，听的人也少。真是“人若有情人易老，股林正道是沧桑”。

龙头的产生跟K线形态有关吗？你怎么看？

关于龙头的产生，有种说法，龙头是走出来的，意思是随机博弈后产生的。说实话，如果有人面对面这样说，我都不想去反驳别人，毕竟入行有早晚，闻道有先后，每个人都有一个认识过程。提醒一下就行了，何必要争执呢？另外，好多人在悟道前，总是表现出“一知半解，自以为是”的特征，你跟他说话，很费劲。更是啥也不想说。

我们来打个比方，明星出道，有些人完全是靠自己努力，有些人呢，成名前，还是有经纪公司在后面使劲的，对吧？当然，成名以后，天下皆知，就是另外一回事了。

其实龙头也是这样，有自然走出来的，也有人为推动的。而人为的推动，就是资金在底部吸筹，而资金吸筹就必然呈现一定的K线形态。

那么，跟K线形态相关的龙头占多大比例呢？事实胜于雄辩，有心的读者只要回溯近年来的高标龙头就知道了。

古人有个词，叫作“虚一而静”，意思是人要虚心、专一而冷静地观察事物，就能得到正确的认识。股票初学者，不能因为已有的知识，而固步自封，从而妨碍自己接受新的知识。当然，我的看法也未必对，仅供参考。

如何尽可能在早期发现并且买入龙头，一般是先试探性买入吗？

这个问题问得好。好多人都认为龙头战法就是在龙头被公认后买入，可以举无数例子来证明这种说法的正确性，某些人还把这个提法提升到“道”或“主义”的层面。表面上看，是完全正确的。实际上，这种说法跟技术分析一样，最大的作用是事后解释。

如果在实战中，你买进后涨了，当然没问题，买进后亏了，那这个龙头并非为市场所公认，如果是公认的，怎么会轻易就倒呢？如何说得清楚？

其实，我们试想一下，既然龙头为大家所公认了，大家都去买了，有可能反而买不到了，一致性太强，反而没了预期。再说，这时候，龙头已经涨得很高了。

我在书中谈到过关于龙头的定位思维，前瞻者策动，聪明者跟随，博傻者接棒，无脑者接盘。如果在龙头高位买入，这时候顶多就是一个博傻者。做一个清醒的博傻者，有时当然是可以的。但更多时候，我们还是要努力做一个聪明的跟随者。

聪明者的跟随者应该如何做呢？书中有一句话，高手买在刚好。当然，这是我个人看法，仅供参考。

可否以龙头战法为例，谈谈完整的进出场逻辑？

先讲点题外话。

关于龙头战法，同样的一个词，有不同的理解。甚至可以说，一百个人就有一百个龙头战法。从很多书籍、公众号来看，多数人讲到龙头战法，就是指当环境友好时，买入市场公认的龙头。曾听到个别朋友这样说，一般三板以下，我是不会去的，意思是他是龙头战法的信仰者，是正宗龙头战法。

当环境友好时，上市场公认的龙头，这对不对呢？前面讲过，当然对头！问题是，这是需要经验的，需要盘感的。个人认为，高位买入，本质上是接盘。用四川话讲，就是久走夜路必撞鬼，对于初学者来讲，很不好把握，很容易掉入“臆想龙头”的陷阱，其结果，多数人往往是巨亏。

试想一想，如果龙头战法这样简单，谁还上什么班呢？大家都赚钱了，谁来亏钱呢？

因此，情绪流龙头战法有时候也会操作高位龙头，但作为一个交易系统，得高度重视入场精度，因为先手赚后手是资本市场的铁律。

不同题材的板块运动，龙头战法的入场方法不一样，比较复杂，几句话说不太清楚。但不变的理论支撑是三维共振。另外，龙头战法既然是高级智力游戏，本质是博弈，那就需要有个清醒的头脑，学了龙头战法，不但要会使用龙头战法，更要善于利用别人心中的龙头战法。

只要入场点选择得好，至于出场就简单了。我从不主张要卖到最高的那个点上，既不可能，又无必要。把自己搞那么累干嘛呢？

当然，龙头战法的出场还是有招法的，《情绪流龙头战法》书中有写：一旦板块渐趋弱，做好准备要出局，龙头分时现颓势，挥剑斩仓莫迟疑。龙头战法的入场、出场大致就是这样。如果要详细地讲，那这一个问题，恐怕就要说很长时间。

对龙头战法来讲，如何进行仓位管理？

这个问题，我是这样看。个股的价格运动，是“确定性与不确定性”不断变化的过程。

如果第一次买进时，不是太确定，自然要控制仓位，买入后如果确定性增大，那是可以加仓的。但是，如果第一次买入时就有较高的确定性，那最好一次性重仓。就不存在加仓的问题了。

当然，这是需要经验的，而经验需要时间的积累。

龙头战法的加仓，是不是还是金字塔式比较合适?

你说得非常对。一般来说，第一次买入仓位要重点，第二次要少一点。

假设进场后，第二天没有高开，平开或者低开几个点，你止损离场了，如果离场之后，它又有封板的迹象，还会进场吗?

一般说来，如果你买进的这只股真是龙头股，买进后，第二天平开或低开的可能性是很小的。你想想，既然是龙头股，众望所归，为啥会平开或低开。但有时候确实也有例外。

比如有时候遇到市场情绪较为恐慌时，反而给经验丰富的龙头战法选手提供了机会。比如，2019年5月24日的金力永磁。如果是头一天入场的合格选手，第二天虽然平开，是不会卖的。即使一时脑子进水卖了，也需要及时买回。

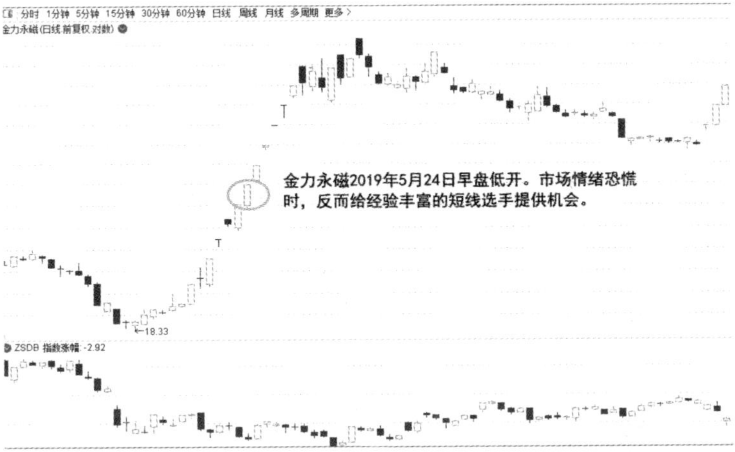

金力永磁日K线图

像这种本来已经符合你的止损条件了，后来发现不是这么回事又进场。你是怎么看待它早上出现的这种诱空，出现这种情况该怎么判断?

其实从操作实践来看，这种情况也不能完全说是诱空，因为诱空这个说法，好像都是有预谋一样。

龙头股出现了这种情况，首先要看它的位置，如果位置较低，就要分析开盘较低的原因，如果是市场恐慌情绪所致，就要看盘后的表现，这种情况未尝不是好事，因为恐慌盘在早盘抛掉后，后面抛压反而更小，换手上板更健康。

但如果说是较高的位置出现这种情况，往往可能是龙头结束的标志。就像在高速路上，一辆汽车本来在正常行驶，突然减速下来，你想想，后果是啥？那这种情况下就要准备离场了。

刚才我们详细谈了龙头战法交易系统的各个环节，接下来请您谈谈趋势交易系统的整个流程？

这个趋势交易，同样也是运用三维共振。一方面就是根据情绪来找它的一个买点。短线情绪不好，那么大盘的情绪往往也差，大家都知道，任何股票一般来说都是要受到大盘的影响，那么这种时候它就会往下掉。

我们买趋势股往往都是这样，买它上行的一个趋势，但是买点在哪呢？在它调整的时候。什么时候调整？有时候在大盘健康向上的时候它也调整，但是往往在大盘下掉的时候，它是大概率要调整一下的，当然也有相反的时候。比如万华化学曾经就是这样，我就是那天买进的。

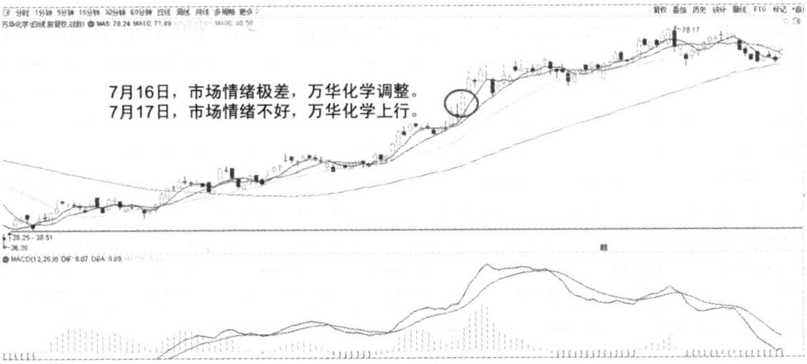

万华化学日K线图

跟龙头战法一样，我们都强调K线形态，同时我看到有些书一讲到趋势的时候，他都脱离了题材情绪来讲这个趋势，我认为可能是篇幅有限，作者没有写。K线形态是趋势交易系统非常重要的一个部分，我们一定要去找到它为什么要形成这个趋势？也就是它的逻辑在哪？它的题材在哪？它内在的一个原因在哪？要把它找出来。

既然它走出了这种趋势，然后又知道了它的一个逻辑，不管是短线的逻辑还是长线的逻辑，你找出来之后再结合情绪周期的买点，你就进场了，第一次进去的时候是要控制仓位的。因为我们说了任何时候都要留有余地，对吧？

第一次进场如果正确，然后就加仓，我个人认为，做趋势股最好要做T。总的说来，股市自从诞生到现在一两百年来，无数的智能之士投入其中，所谓的方法秘诀都摆在那里，比如作趋势股，就是试探加仓，就看你自己怎么去理解和融会贯通了。但难点，可能在于对K线形态的理解和对主力意图的把握。

在趋势交易中，一般会等到什么时候离场？

趋势交易的离场，我认为跟经验真的是有关系的。一种情况就是你看有没有加速，你如果处于加速的位置，涨到一定时候，你知道它就应该涨多了，对不对？那么涨不动的时候你就要离场。这样的例子很多，比如乐惠国际、宏大爆破。

乐惠国际就是走趋势后加速的例子。离场点就是2020年8月25日炸板处收盘时，最晚也是第二天冲高后下跌时。因为这个时候，下跌趋势太明显不过了。

宏大爆破也是如此。出场点在2020年2月25日和2月26日。可能有人说，这是马后炮。那还真不是，有些原因和道理展开来说，就太长了，就不细说了。

乐惠国际日K线图

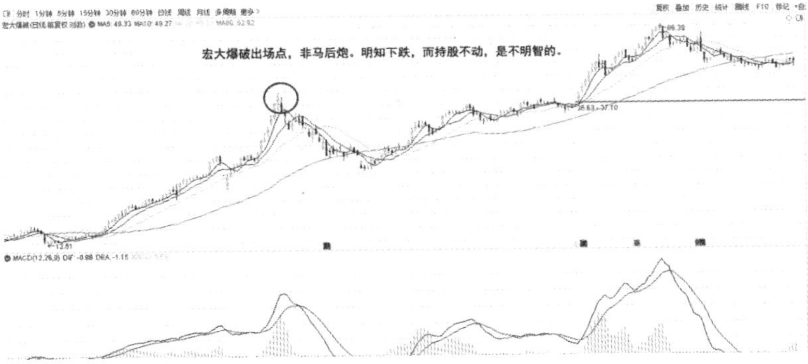

宏大爆破日K线图

但有些趋势股未必就这样走，那就更简单，只要下破上升通道线的下轨就要考虑出场了。如复星医药，通道线的下轨刚好在5日线。图中画圈的地方，就是出场点。这个位置如果还存有幻想的话，第二天是一定要走。

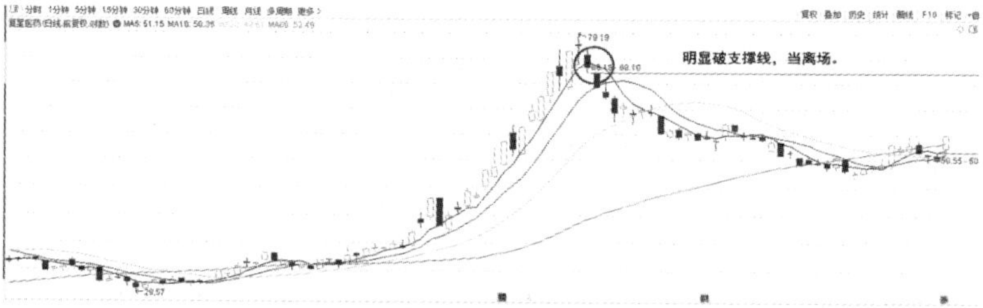

复星医药日K线图

情绪流交易系统，主要强调的是买点，只要买后能盈利，也强调卖出的位置，但并不主张去试图找一个高度精准的卖出点。一方面，股市的本质是不确定性，非要跟不确定性较劲，岂不太累。另外，我比较赞同一句话：把最后一根阳线还给主力。毕竟，对于我们散户，趋势股能赚到钱，主力居功甚伟，得存感恩之心。有时候，这样做，反而能卖到较高的位置。

你是怎么进行资金管理的？貌似你都是比较喜欢重仓？

是的。因为实事求是讲，情绪流的交易系统，强调精准出击和重仓出击。书中有句话是这样说的：“控制情绪，待机而作，集中兵力，速战速决”。虽然说的是短线龙头战法，趋势股也是一样。当然，既然是集中兵力，就是指所谓的重仓，那就要求精准。而精准，则是以相当的水平和经验为前提的。

反过来，如果是初学者，那千万不要这么干。学习时得轻仓。打个比方，初学者，在开车要掉头的时候，你这个车头会不会碰到马路牙子？作为初学者你是没有把握的，你是不知道的。于是乎有些人他去赌，不管三七二十一非要转过去，这样的朋友，在股市里面他实际上是重仓在赌。而稳健的人他不是这样，他会下车实事求是地看一看，比划比划，看能不能过去？不能过去，OK，我退一步再走。只有这样，时间久了，自然成了所谓的老司机，能不能碰到马路牙子，凭经验就知道了，一下就转过去了。你看开车就是一个典型的例子，你开得越久，出的事故就越少，扣的分基本上也很少了，对不对？

做股票实际上也是这样，你做的时间久了，有一定的经验和把握的时候，就可以考虑重仓了。

你现在主要参与的是股票市场，没有想过要参与别的市场吗?

你说的别的市场，可能是指期货、期权、外汇等等吧，我是这样想，我觉得一个人做事的话，要一步一步地来，另外，精力有限，做事也需要专注。

外汇，以后我可能会去琢磨琢磨它，而黄金白银这些，我可能就没精力了，也没兴趣。

股票的杠杆毕竟是较低的，在资金的利用率上会不会有遗憾?

说实话没有遗憾。当初不成熟的时候可能会这么想，那么现在做了几年之后，已经不再过于计较仓位的使用，怎样来获得最大的一个效益，因为，我觉得求道更重要，一直是想把这个里面的道理搞明白，将来可能做外汇也是出于同样的原因。

在这儿，我也建议散户朋友，最好不要使用杠杆。资本市场，第一想到的不应该是超额收益，而是先想到风险才好。

当然，个别经济条件好的，技术水平特别高的，那是例外。

你觉得对于股票的领悟，将来在其他领域可以复制吗？

您说的其他领域，是指其他行业吧。有人说：能够做好股票投资的人，可以从事地球上的任何一份职业。研习股票对重塑自我是有重大意义的，从这个角度来说相当有道理。

股市交易理论或交易系统的确立，是人为市场立法的过程，是深度思考和提炼的结果，另外，也是自我再造、自我完善的一个过程。它让一个人从轻狂变得谦卑，能让一个人从草率变得严谨，更培育了一个人百折不挠的精神，让一个人的人格和智慧同步升华。

这些体会，对于其他领域的学习思考，应该也是大有帮助的。

平时写交易日志吗？都记录哪些内容？

曾经有一段时间天天写，后来虽然不至于天天写，但是必要的记录那是肯定有的，尤其是做龙头战法，它的情绪周期是很重要的。所以以前晚上复盘的时候，通常会把一些数据进行记录。

比方说上涨家数有多少，下跌的家数有多少？市场的高度有几板，连板数有多少家，封板率有多高？昨日涨停指数、连板指数怎么样？当然还包括市场情绪的其他一些表现。市场情绪不好，比如说亏钱效应很严重的时候，这个时候往往是瀑布杀，对吧？但是如果情绪很好的时候，就往往变成有一些反包板的出现，这些是需要一些记录和观察。

关于如何复盘，如何做记录，《情绪流龙头战法》书中写得较为详细。这儿强调一点就是“倒推复盘”的重要性。倒推复盘这个词是我发明的，意思是，如果时间倒流，最应该怎么操作，为什么？这个最好是要记录下来。

战争年代，共产党的部队为什么能打仗，其中一个原因就是总结。每一次战斗他都要总结。毛主席讲过，他这一辈子是靠总结吃饭的。我们做股票也要学会总结记录。

每天复盘跟每月复盘，一般都用多长时间?

如果是每天复盘的话，半小时十几分钟都有，一般1~2小时左右吧。如果有时间的话，五六个小时也行。比如说有时候翻一下K线看看资料，不知不觉时间一会儿就过去了。

每月复盘时间要长些，一般半天左右。

如果你在一段时间内特别顺利，怎么做怎么都赚钱。这种情况下有什么不一样的感受吗?

这是一种比较理想的状态，确实某一段时间会是这样。说实在话，这种情况下反而开始有点惴惴不安，提醒自己以后还是要谨慎，而不是飘飘然。这可能也是自我再造的结果。人，不能贪天功为己有，对市场必须要有感恩之心和敬畏之心。

如果某一段时间特别不顺，持续亏损，这个时候你会做一些什么事?

这种时候说实话，在交易系统形成之前特别多。这让我想到这样一个画面。

几年前曾经有段时间，一位朋友和我在一起研习股票，遇到这种时候，这位朋友说实话就蔫了，愁眉苦脸的，他就要去找一种方式来转移悲伤的情绪，能不能转移我不知道。但他经常出去散心。

但是我知道，换环境也没啥用，回避不是办法，归根结底是要解决问题，因为你这个问题始终要解决，是不是？只要是持续亏损，肯定是交易系统的问题，得找出原因来。所以经常是这种情况，他出去散心，我在办公室苦苦思索，等他回来，我告诉他思考结果。

当出现这种情况的时候会停止交易吗?

肯定要停止交易才行。打一个比方，你跟别人发生了冲突PK打架，你不服气，但对面是一个彪形大汉，结果你刚一出手就被人家重重一击。痛吧？但你有点不服输，再来搞一下，又被重击，痛得要死。你还搞第三下吗？不搞了吧。是不是？为啥？古人说得好，好汉不吃眼前亏。

根据你个人的经验，是因为什么原因导致出现这种连续亏损的？

我认为，所有连续的亏损，原因无非以下三个。一是没有交易系统，二是交易系统不完善，三是没有灵活地执行交易系统。总的来说，那就是跟赌博差不多了。

你比如说去澳门赌博，赢一次两次没问题，你听说谁稳定盈利的？一句话，你靠运气赚的钱，最后一定会凭实力还回去，一定如此。

有没有出现过你坚持自己的交易系统，但还是持续亏损的情况？

交易系统的形成它是源于什么呢？我个人的理解，每一个人的交易系统，它的形成并不是他自己脑袋一拍出来的，它是源于对股市的深刻认知而总结出的一些原则和方法，某种意义上讲，它是顺应规律的一个结果。它来于实践，用于实践。

但有了交易系统，还有个熟练运用的过程，交易系统也需要正确执行和灵活运作，这就需要自律了。比如有时候，明知过了买点，第二天还要重仓出击，那亏了是交易系统的问题，还是人的问题？

心法的修行，对谁都是一样，永远在路上。

刚才提到了你的仓位挺重的，大概谈一下重仓交易的注意事项。

对于股票这种重仓交易，我认为完全取决于个人的水平和经验，或者说你心中的一个把握。当你觉得你非常有把握的时候，你就重仓去。是否重仓它有规则，规则是什么呢？

第一，盈亏比。我们往往是根据这个来决定是否重仓。比方说你觉得有5%可能的亏损，但是有50%可能的盈利，你就可以考虑重仓，对不对？因为如果说你要是轻仓的话，你上10%的仓位，就算你赚一倍有多大意思，对不对？很多交易员开始不明白，后来他才明白这个道理。

第二，安全性。比如说看到龙头咔咔地往上走，你可以去选择低吸一个跟风股，对不对？那么这个时候你知道虽然盈利不高，但安全性很大，因为即便不成功亏损的可能性也小，那么这种情况下偶尔也是可以考虑重仓位是不是？

当然，安全性跟市场情绪所处的周期是高度相关的。这也是“三维共振”理论把情绪排在第一的重要原因。

至于有些朋友把仓位管理当作一门科学在研究，分成好多份，搞得很复杂深奥，甚至还用到数字公式，我不评价，我也不懂那个。

金融交易本来就是与风险相伴同行，通过分仓来防范风险虽然不无道理，但是我认为提高交易水平才是防范风险的最好办法。

在交易时间段，你一般关注的事情有哪些？

情绪流龙头战法，前面有“情绪流”三个字，那么交易前，对市场情绪要有个推演，盘中交易时间段，更要关注市场情绪的表现。这个昨日涨停的指数怎么样？昨日连板的指数怎么样？还有前期强势股的表现会怎么样？

此外，既然是操作龙头股，那自然要关注到“板动小弟”的运动情况。以上是我个人的一些经验，在不同的时间点，关注的点不一样。比如情绪低点，交易策略不同，就需要非常注意K线的形态。

如果在盘前制定了交易计划，但是第二天盘中出现了计划外的机会，比较熟悉的机会，但是并不在计划内，这个时候会进场吗？

按道理说，龙头战法应该专做龙头，但实际上，我们不是为做龙头而做龙头，我们是因为赚钱而做龙头，龙头也不可能天天有，我们也不可能次次都精准地买进龙头。因此，我认为龙头战法，是以做龙头为主，套利为辅的战法。

这样一来，我们的交易，分为静态的交易和动态的交易。盘前是要做一些计划，对吧？但是真正到了交易的时候，有时候也会动态地选择股票。因为你这么多的股票，你平时复盘根本看不过来。所以在盘中的时候突然出现了一种机会，可能也会上车。

但是说实话，主要还是以盘前计划静态的为主，动态为辅。你说的这种情况也有，但是说实话相对来说还是少的。做龙头战法毕竟还是以龙头为主的，对不对?

总之，有时候静态复盘并没有发现较好的交易标的，但盘中出现了交易机会，这就需要动态捕捉，特别是新题材的首板。又比如有时候龙头一直往上走，龙头买不进，或者龙头具有不确定性，你说你咋弄?这个时候可能你会观察熟悉的票择机低吸。但是不见得你观察的这只票有机会，你没有观察到的股票还反而上来呢。所以就需要以变应变。

当然，有些人专做龙头，不套利，唯精唯一，这也非常好，值得赞赏。事实上，套利也是偶尔为之，还是要主要操作龙头，要有龙头信仰。

关于龙头信仰，您是怎么看的呢?

信仰，应该说是一个宗教用语，令人想到西藏人去布达拉宫朝圣的情景。除了宗教信仰之外，我个人的理解大概是两个方面，一方面体现为对理想信念的坚持。但这种理想信念不是个人宗教信仰，而是为人民大众谋幸福的革命理想。当年红军长征，在那种险恶的条件下，没有深入骨髓的理想信念，是不可能坚持下来的。你看毛主席在长征路上写的诗“今日长缨在手，何日缚住苍龙？”，我们可以想见毛主席那时候，都已经穿透了时间的迷雾，看到了胜利必然到来的远景。远远超出了单纯对理想的坚持了，足以说明信仰的可贵。

另一方面呢，体现在对于客观规律和方法原则的认识和坚守。龙头战法就是如此。我们都知道利弗莫尔是用龙头战法取得成功的代表人物。但与他同时代的，就没人应用龙头战法吗？我觉得应该还有，只是不为我们知道罢了。就像1992年狙击英镑，索罗斯一战成名，但成功者还有其他人。

自利弗莫尔以后，世界各国有很多人通过龙头战法取得成功，因为龙头战法反映了人性，反映了股市中存在的客观规律。龙头战法不是唯一的盈利模式，但它无疑是股市博弈皇冠的明珠，是股林当之无愧的最高武学。这么多人已经证明了，还需要再证明吗？

坚持龙头信仰，这对于初学者尤其重要。因为初学者没人指导的话，往往做着做着就变形了。只有坚持龙头信仰，不断自我修正，才有可能进入大道之门。

总的说来，学习短线，就必须要有龙头信仰。“以做龙头为荣，以做跟风为耻，以鸿鹄之志为荣，以苟且偷安为耻，以坚守模式为荣，以朝三暮四为耻，以知行合一为荣，以言行不一为耻”。夸张一点说，生于龙头，死于龙头，宁吃龙头跌停面，不吃跟风涨停肉。

但是话说回来，任何人都不可能做到绝对的理性，龙头并不总是那么显而易见的，也不可能天天有龙头，难免有时候会买跟风，怎么办呢？对于跟风股，赚了钱要出，没赚钱也要出，亏钱更要出来，出来干吗？上龙头。真正悟道的资金，高买低卖是非常坚决的。这也是坚持龙头信仰的表现。但如果技术不过硬，胜率过低，频繁高买低卖，那就是取败之道。

在市场氛围较好，龙头显而易见的情况下，必须敢于重仓龙头。靠的就是隐于内心的胆识、气魄和对龙头的信仰！这就需要努力修行，对外求知和对内自省。

你怎么看待移动平均线在交易中的作用？

移动平均线，说实话在龙头战法中我几乎不看，对别人有没有用我不知道，对我是没啥用。

但在趋势交易中移动平均线就比较重要了。你想既然是一个趋势，趋势是什么？股价运动的方向。趋势是怎么形成的？主力是趋势的创造者和维护者。所以，要形成趋势，往往需要经过一段时间的孕育。从K线形态的表现来看，一般说来，量价异动引起均线归位，归位之后呈多头发散，对不对？然后它才是一个趋势。所以，移动平均线的走势反映了趋势的孕育和形成。

以我个人的理解，趋势在实际表现中，是以通道的形式演进的，通道上方是压力线，通道下方是支撑线。但有时候，你会发现，均线刚好就是支撑线。那么这时候，移动平均线的重要作用就在于，只要下破均线，就可以考虑走人了。比如前面说的复星医药，5日均线刚好就是支撑线。

趋势一旦结束，往往表现就是均线压制，即呈空头排列。而在实战交易中，好多初学者，买股往往买在山阴，即K线形态呈现均线压制的地方，除非你是长线价值投资者，长期投资，追求确定性而不是效率。否则，就是欠考虑的。

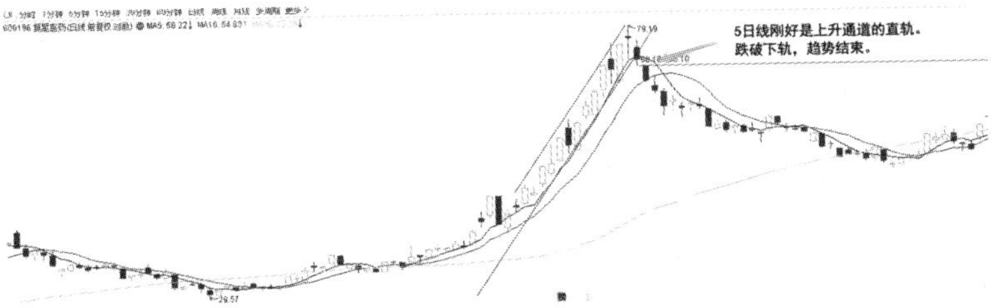

复星医药日K线图

请谈谈成交量在交易中的意义。

成交量在交易中的作用非常重要。从不同的角度讲，它的意义不同。今天，我从两个角度来谈谈成交量的重要意义。

第一方面，成交量在价格运动中的表现形式。

很多书上都讲量升价增，有些人呢，则故意唱反调，其实，量升价增这无疑是正确的。因为，这反映了成交量对股价的推动作用，一般情况下都是这样，反映的是一般规律。

我们假设一个农贸市场只卖鸡蛋，鸡蛋怎么才会涨价？供不应求，买的人多了，本来可以低价卖的，就不愿意卖了，高价他才会卖，于是表现为，卖的人多，但买的人更多。这样就形成了量升价增。这就是：量增价增，买在卖先。

但股价要上涨，一定要放量吗？就未必了。同样是这个农贸市场，卖方突然得到消息，鸡蛋短缺，后面还会涨价。于是好多人就不愿再卖了，这时候，虽然想买的人多，但实际供应不足，价是涨了，但成交量低迷。这就是：量减价增，卖在买先。

第二方面，成交量在主力吸筹中的表现形式。

主力吸筹，除了K线形态异常之外，在成交量方面，往往会体现出“阳多阴少，阳密阴疏，阳高阴低”的特征。但这也只是其中一种情况，主力也分大主力、小主力，格局也各有不同。总之，主力吸筹，成交量往往会有异动。这就体现为：量在价先，庄在散先。

但初学者要注意的是，要有或然思维，量价异动有可能是自然形成的结果，也可能是自己主观臆想的结果。要以后面的上涨或涨停来验证。

成交量在交易中的意义大致就是这样。最后，提醒一下初学者，在熊市氛围中，股票一路下行，突然某天放出超级大量，后面往往是继续下跌，而不要想当然地以为主力来了。

在短线交易中，一只票突然涨停，这个涨停板的成交量大好呢，还是小一些好呢？

这个问题有点意思。你不说，我刚才都忘了讲，好多人短线交易做了很长时间以后，似乎也没搞明白这个问题。

一只股票，某一天突然一个涨停板，这个涨停板的量放的大好，还是放的小好？我们要把这个问题放在实际交易的环境中去考量。首先，我们是不是要考虑安全性？也就是说，最好涨停后不炸板。其次才是第二天的溢价。我认为，像这种涨停板放的成交量大一点比较好，当然这儿先忽略了其他的一些元素，什么题材那些，我们这儿只说成交量。

成交量放大，意味着多空换手。当天涨停安全性就更大。所以，一般来说，对于短线选手来说，打板的话，打放量换手板要好一些。

做龙头战法平时关注的东西很多，你平时看分析报告、研究报告吗？

以前做龙头战法，根本就不用看那些研究报告，都是炒概念。尤其是在2015年之前甚至于更久，国家没有一定的限制，一只股票随便可以涨十几个板的时候，说实话那时候真是容易，反过头来说懂龙头战法的人也很少。

现在国家有所规范，我觉得择股是很重要的，非常重要。因为在情绪流交易系统里面，天时、地利、人和，特别是这个“人和”很重要。它强调的是什么？强调个股的题材逻辑以及这一只股票的市场地位，或者是它可能的市场地位，对不对？

请问它这市场地位跟什么有关？往往跟题材的硬度有关。什么叫题材的硬度？就是个股跟题材的一个关联度。那么这个关联度你怎么知道，怎么去找？往往是研报或招股说明书，至于说去做趋势股，更需要读研报。有很多研报，行业的研报，个股的研报。举个例子说，光启技术它为什么涨这么高？你看一下研报你就知道了。它跟军工题材的紧密相关度是非常高的。所以说现在龙头战法跟以前的操作方法有所区别，多读研报有益无害。

但不等于说有研报这只股票就一定涨，如果说有研报就一定涨的话，证券公司这些行业分析师用得着去上班吗？自己炒股票就可以了，那多自由，是不是？

平时看研报或招股说明书，有什么注意事项吗？

只要是近期的研报，也不用管分析师是谁——有一定影响力的更好，你要是想成为一个专家，就慢慢看，对不对？

不管是研报还是招股说明书，我个人的体会是，如果是做短线，要观其大略，其原因就是一个人的时间精力是有限的，有些研报很长，有些招股说明书近500页，比一本书还厚，哪看得过来呢。

如果说有啥注意事项的话，有些研报总会有意无意地为主力服务，不唱空也是一个潜规则。

观其大略应该重点看哪些内容？

如果是长期投资，趋势股，那是应该认真看，详细了解的。

如果是短线操作，那真是观其大略为好，重点要看的，就是它跟当前炒作题材或市场风格相关的地方。比如当下在炒业绩，那就看它的业绩好在哪？比如说军工，那就要了解它是不是军工，是军工的哪一类别，有哪些亮点。这样才心中有数。因为短线炒作，最怕就是出来澄清公告。

所以事先要了解清楚。举个例子，近期市场炒作的聚灿光电，由于管理层在打击炒小炒差，虽然题材不错，但扣非后业绩不行，如果事前了解这些，心中就有数了。反过来，比如2020年9月11日天能重工的第一个板，如果提前知道它的业绩比较好，再结合情绪、形态，就敢于半路上车了。

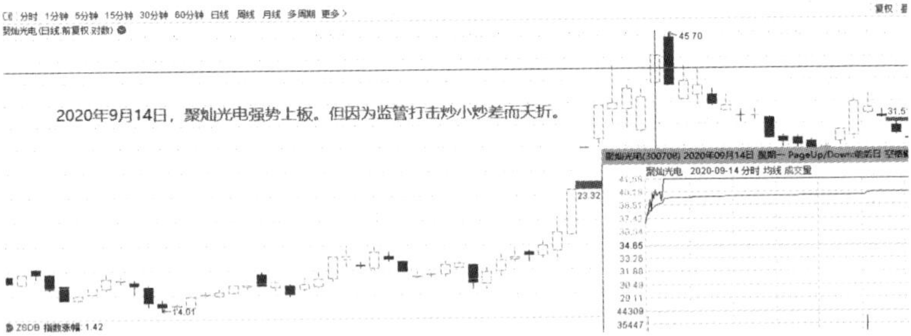

聚灿光电日K线图

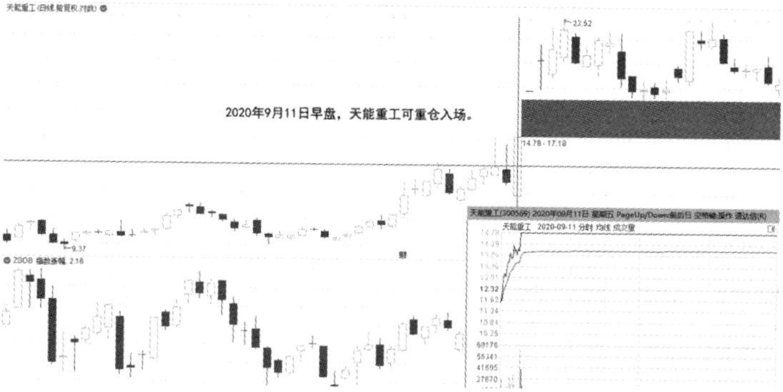

天能重工日K线图

我们现在谈谈一些重大新闻对价格的影响，比如说有时候出现了一个重要的新闻，但是这只股票高开得并不明显，这个时候，你会把它作为一个机会吗？

这有个前提，新闻虽然重要，但是老新闻也不行，因为市场上喜欢炒新，对不对？一旦有新的重大新闻，但整个板块都像这种有气无力的样子，那说明资金不认可，对吧？你就不用去看它了。

另外一种情况是什么？是因为这一个板块里面其他的个股表现得气吞山河地往上涨，甚至一开盘就涨停的，但是你这一只股有气无力的，这个时候你就要三思了，整个一天它都没有涨停，或者是到了下午的时候涨停了，对不起，你就该定位为后排跟风股，因为我们做股票要做强势股，是不是这道理？

但如果这只是跟个股相关的新闻消息，就要具体问题具体分析。一般说来，如果是重要利好消息，那应该开盘涨停才对。既然高开不明显，那就是该涨不涨，看跌。比如2020年9月16日的富春股份，消息重要吧，开盘不理想，结果走成那样子。

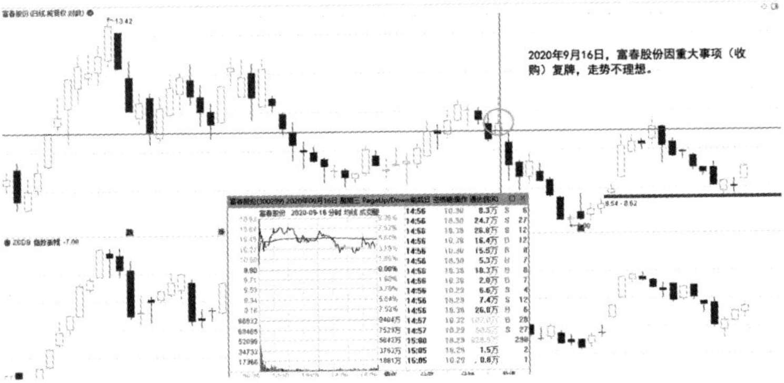

富春股份日K线图

如果一个重大突发新闻出现的时候，你手里已经持有某只相关个股，当开盘之后，价格朝着有利于你的方向急剧变动，这个时候你会做什么？

既然是急剧变动，当然是持股待涨啦。但如果没涨停，就得出来。

交易品种的选择上，你一般重仓出击某一只，还是分仓买入？

我会更偏向重仓出击一只。因为既然叫龙头，它一般具有稀缺性。但一般来说有些人可能喜欢搞一点分仓，但是我个人觉得，随着交易经验的逐渐积累，真的越来越清楚，观察的目标越少越好，然后还是要尽量地做到重仓出击，只不过是根据经验，尽量不要在高位去重仓出击就好了。

在进场之后，你突然对自己的持仓不再确信了，有所怀疑，这个时候你会再等等还是会立马出场？

一般来说都是立马出场的。所谓速战速决，就是这样。进场的时候非常干脆利落，但是你发现不及预期，你也不要拖泥带水。它涨都不涨，甚至于低于你的预期还在往下跌，这说明你的预判存在问题。这个时候你就不要存在想象了，一切以盘面为准。所以交易这个东西最忌讳的是先入为主，一定是要尊重市场，以盘面为准。

如果说你持有一只股票，突然出现一个利空消息，但它的股价并没有明显的波动，这个时候你会离场，还是会继续持仓?

你说的这种情况，利空出现，股价并没有明显波动，很少见。但龙头股有时候确实如此，那最好是保持观察，因为如果想当然地持仓和抛出，都是交易你所想。

一般说来，如果是真龙头，它是无惧一切利空的。它会继续上行，既然股价在上行，那就不用管它。

你平时和别的交易员有交流吗?如果你们在交流的时候，观点出现分歧，你会感到不安吗?

有交流，但不安这种感觉说实话是没有的。久经战阵，都习惯了。对于股票交易，本来都应该有或然思维，你不能笃定是这样，对不对？即便你认为你自己是百分百的正确，但市场不照你这么走又咋地，市场它是永远没有错的，对不对？

另外，只要是人，血肉之躯，有时候难免先入为主、陷入我执。这时候跟朋友讨论是有益的，有可能他的观点不同，但是并不影响你原来的判断，但是有时候观点不同，可以修正原来的判断。

举个例子说，前面的光启技术，有天放出天量，成交量近53亿，按照常理，差不多了，大概走不上去了。但是我有一个朋友说，你别小看它，它完全有可能走上去，第二天果然反包上板。

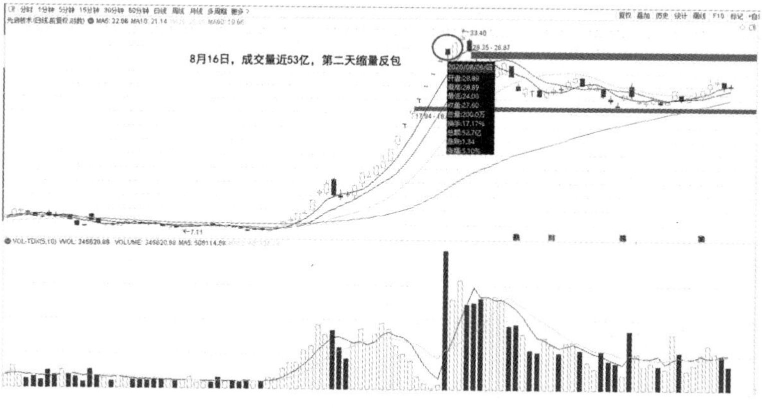

光启技术日K线图

那么在这种情况下，朋友的不同意见就是一个很好的提醒，促使自己思考，对不对？反过来，有时候朋友的不同意见反倒坚定了我的想法。比如2019年5月24日的金力永磁。在此之前，我和朋友聊天沟通过，他认为金力永磁要结束，我认为相反。

所以，和朋友交流，不管意见是否一致，都能丰富我们的思想。任何事情都是兼听则明，偏听则暗。团结起来力量大。

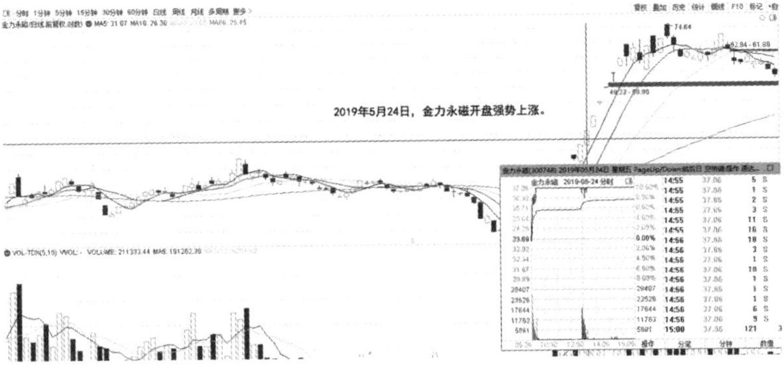

金力永磁日K线图

很多交易员会遇到低谷期，操作手法跟以前没什么区别，但就是诸般不顺，你怎么看待这种低谷期？

对于龙头战法来说，你的交易系统还是原来的交易系统，但是在不同的市场环境，有效性是完全不同的。比如在市场情绪的低迷反复期，不确定性大，这个时候完全有可能做错。比如东安动力这一只股票在启动之前，实际上就是一个典型的低迷反复期。据我所知，好多游资大咖和网上知名大V，也是亏得惨不忍睹。

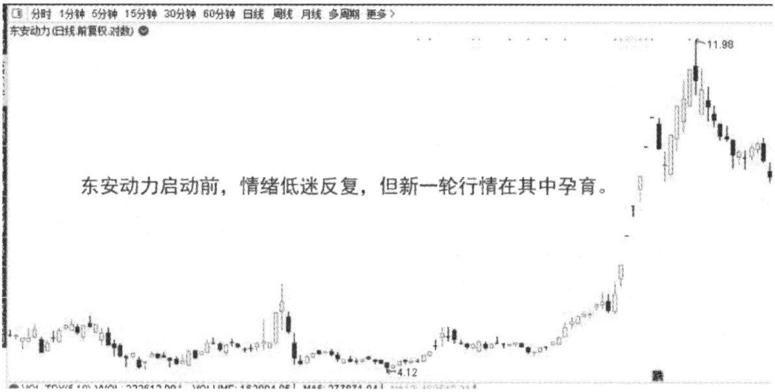

东安动力日K线图

怎么办呢？识时务者为俊杰，暂停交易或控制仓位。

其实做股票做久了，心中是有感觉的。打个不恰当的比方，男生追女生，有的女生一站在你面前，你就能感觉出能不能追到，这就是所谓的把握。比如刘亦菲，站在你面前，你也知道跟你没关系。对不对？做股票也是这样，当心中有把握时，那感觉会不一样，心中会一振！反过来，既然把握不大，那就管住手或者控制仓位就好了。

这时候，不妨和盘面保持适当的距离，等待和观察。乌云遮不住太阳，冰雪锁不住春天。好的行情往往就是这种情况下，一步步孕育出来了。

如果你说的不是这种情况，跟市场本身的情绪周期没关系，而是在交易上横竖就是诸般不顺，这种情况下，最好离场休息，调整一下心态为好。

情绪是个很主观的东西，根据你的经验，应该怎么去判断情绪，把情绪这个因素融入交易中？

假如说我要展开来讲，什么连板的高度、什么上涨家数、什么上涨家数和下跌家数的比例，讲多了之后可能突不出重点。

那么我这儿只讲一个重点，来体现什么是情绪周期的低点或者是共振冰点，那就是跌停的家数。如果跌停家数多，看上去是不是很吓人？人的情绪很容易被感染的。看到跌的多了，就赶紧跑，你跑我跑他也跑，这样就影响很多人。结果大家都处于恐慌状态，情绪就处于冰点了。但总不可能一直处于冰点。物极必反，这是自然规律。

至于怎么把情绪这个因素融入交易，其实很简单，两个字：经验。比如某天开盘，昨日涨停指数就很低，或者上一个交易日人气股低开，不及预期。就要小心为上。又比如赚钱效应持续一段时间后，龙头结束，盘面突然出现跌停家数增多的情况，这时候经验告诉你，差不多要离场了。

如果发现市场真的出现了冰点，这个时候正确的做法是什么？

初学者在这个时候往往感到恐惧，这很正常。有经验后，要意识到，这个时候可能就是危中有机的时候，要看能不能寻找到机会。《情绪流龙头战法》一书的封底上也讲了，只有反常规、反人性、反共识的人，才有可能取得持续的成功，对吧？

举个例子，2020年7月29日英特集团第4板的时候，前三天市场情绪一直是很不好的。7月28日，外盘大跌。第二天英特集团开得较低。很多先入场的，开盘就走了。为什么？害怕啊！

但如果仔细分析，会发现这一天的市场情绪大概率会弱转强。因为大盘是情绪的助推器，大盘这一天是完全可能走强的。事后来看，分析正确。我就是早盘入场的。前面也有讲过。

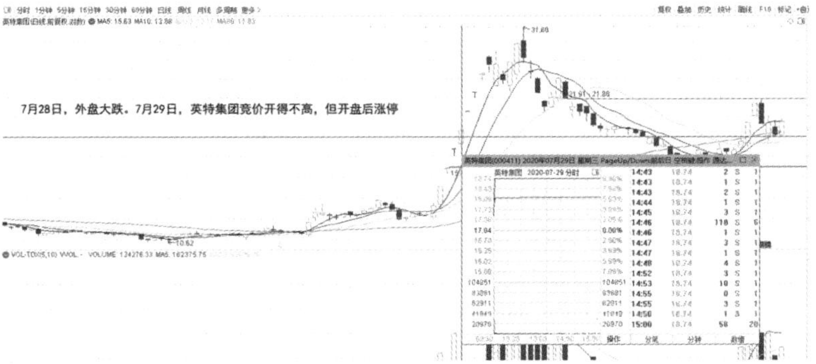

英特集团日K线图

大盘至暗时刻，市场情绪低迷，如果提前做了功课，这个时候你会先少量埋伏，还是说等待某一个合适的时机直接重仓出击？

回答您这个问题，得分两个方面。因为不同盈利模式应对策略是不一样的。

如果是价值投机，选好了个股，本来就是在等入场时机，大盘指数回落，市场情绪低迷的时候，可能正是入场的时机。

龙头战法呢？并非说龙头战法的买点就是大盘至暗时刻，没有这个说法。只是说，大盘至暗时刻，有可能是危中有机的时候。因为任何事情都不是绝对的，是不是？一般来说在大盘至暗时刻的当天，还是要稳当一点，在第二天上午的时候也最好是谨慎一点，要等它这两天的亏钱效应、恐慌情绪充分地发泄之后，突然有股逆势而上，这个时候你再考虑上车，大概时间就是在共振冰点的第二天下午，但注意，这只是一般情况，不能机械照搬。

你说的埋伏，对于龙头战法，没有埋伏这一说法，如果埋伏，那就是交易你所想，而非交易你所见，这就是另一套投资逻辑了。其实出击时，是重仓还是轻仓，是基于安全性和赔率。因此，除了情绪周期，要同时兼顾个股形态和题材，一句话，三维共振，缺了哪一个都是不完整的，其中题材尤其关键。

关于交易系统的构建，能不能给初学者提点建议？

股市是复杂、随机、混沌的，每一个人在股市面前都是小学生。三维共振是我个人的理解，我认为它符合客观规律，有缘的读者朋友，如果在学习的路上走了很长的冤枉路，建议接受三维共振理论，我认为可以大大缩短悟道修心的历程。毛主席说，实践出真知。对与不对，试一试就知道了。

情绪流的交易系统，高度重视情绪周期，凡是忽略了情绪周期，无论你赚多少钱，最终都会亏回去的。原因很简单，因为数学对于金融交易的人来说，它是打偏架的，无论你是先涨100%，后面再亏50%，还是你先亏50%后涨100%，最终你反正就是很不划算。股票交易重在稳健，我们就要重视出击的时机，即在什么时候出击的胜率更大，盈亏比更划算。所以对于初学者来讲，我建议要高度地重视情绪周期。

此外，我个人觉得股票的形态是要非常注意的。要说市面上的技术分析，它就是围绕这个形态还有指标做文章，那么对于指标来说，我不是太看重。我对形态关注，因为关注形态的本身实际上是关注多空力量的一个状态，再或者说是主力资金的一个意图，这个是要引起高度重视的。

当然，炒股就是炒预期，炒想象。而人们心理预期的产生，就是来自外界的信息。所以，信息题材是股市的第一生产力，更要高度重视才对。

三者相结合，就是三维共振。但三维共振是道的层面，是借势而为的具体表达。但具体怎么运用，还需要实战交易手法或交易模型，很多公众号或股吧都有讲，这里就不展开说了。

你个人来讲最重视的是哪些形态?

我最重视的形态，主力吸筹明显，有以下特征：K线形态简洁美观，量区三阳对三阴。量区价区都呈现或明或隐的N字结构。如果K线形态呈现波段逆势的特征最佳。我把这样的K线形态称之为龙行猫步。

这种K线形态，稍有经验的交易员，一看就懂的对不对？相当于主力说，本人财大气粗，且为人豪爽，要上车的趁早。但是，并非所有的主力吸筹都是这样子，跟人一样，能力极强且人品极好的人，相对来说，毕竟是少数。也有很多的个股形态，你看不出个名堂，你想主力要都是这样子，所有人都知道了，那炒股就太简单了。

所以很多书都讲这个主力吸筹的形态，讲起来滔滔不绝，口若悬河，实际上主力吸筹的形态那是很复杂的，有些人对这个钻研很深，能判断出主力啥时候入场，成本多少，吸了多少筹码。实在地说，主力是哪儿开始建仓的，吸了多少筹码，重要吗？我认为并不重要。我们只需要去鉴别它，到底有没有主力就行了。我们假设主力就是孙悟空，它有七十二变化对不对？但是既然它是孙悟空，就是猴子，猴子有尾巴对不对？只要抓住它的尾巴，我们就认为可能有主力在里面。

那么怎样来抓住主力的尾巴呢？我总结了一些特征，并取名“降龙十八掌”，用“降龙十八掌”来识别主力资金的意图。

能不能举例详细展开一下“降龙十八掌”？

当然可以。不过要先说明一下，不是说我这个降龙十八掌多么多么厉害，不是这意思。取名降龙十八掌，主要是好玩，股票交易不就是一个智力游戏吗？游戏就要轻松一点。另外，好多人都有自己的降龙十八掌。主要是这个名字方便记忆，利于传播。

举个例子，比如降龙十八掌中的“空头回吐”，空头回吐里面有一种变化叫缓涨急跌，啥意思呢？就是一段时间的K线以小阳小阴的方式缓缓上涨，突然在某一天来个急跌，想想看，本来涨得就慢，其中部分短线浮筹耐心本来就不够好，快忍不住了。你再来个急跌，你说他气不气？跑不跑？这是主力洗盘的惯用招术之一。

假如急跌的第二天，突然又来个强势涨停呢？我称之为“逆击转势”。前面跑掉的浮筹追悔莫及，会不会调头来追呢？于是潜在的空方，又变成了多方。尤其是在市场环境不太好的时候，这一招相当管用。

单独来看，缓涨急跌，逆击转势似乎没啥特别的。其实，降龙十八掌的关键就在于组合运用。比如通过“缓涨急跌”加“逆击转势”，就是发现主力攻击意图最好的方式之一，当然，如果加上降龙十八掌其他招术，就更好了。

降龙十八掌虽然称之为十八掌，其实并不只有十八掌。由于时间关系，就不一一展开了。前不久做的中船应急，好多人问，怎么能在半路低吸呢。原因很多，其中一个重要的原因就是这只票的形态。它是挖抗逆转的表现形式，《情绪流龙头战法》书中专门讲了挖坑逆转，我认为很重要。

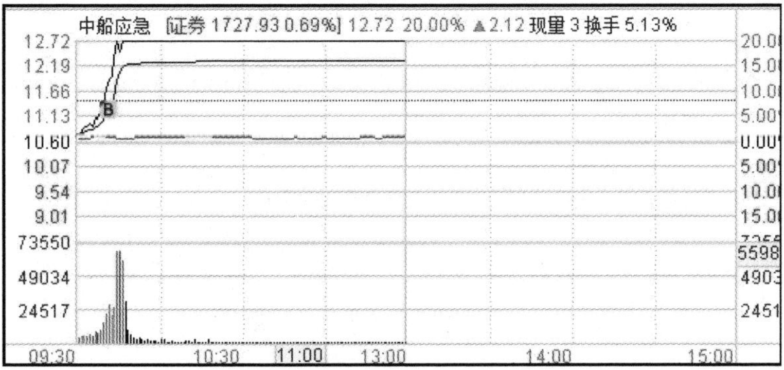

中船应急分时图

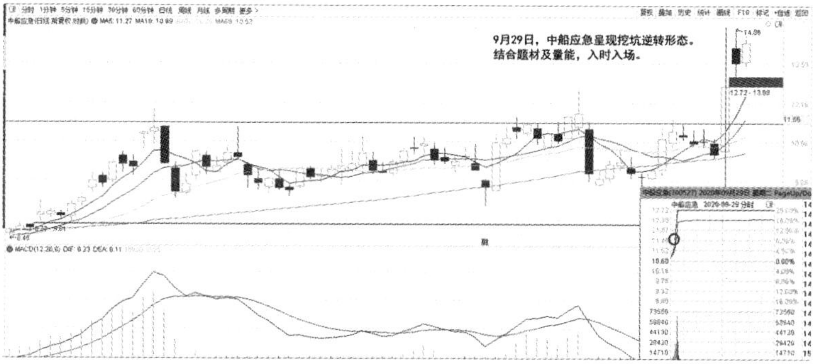

中船应急日K线图

另外，2020年11月2日的友讯达，也是可以上车的。上车的依据同样要结合降龙十八掌。

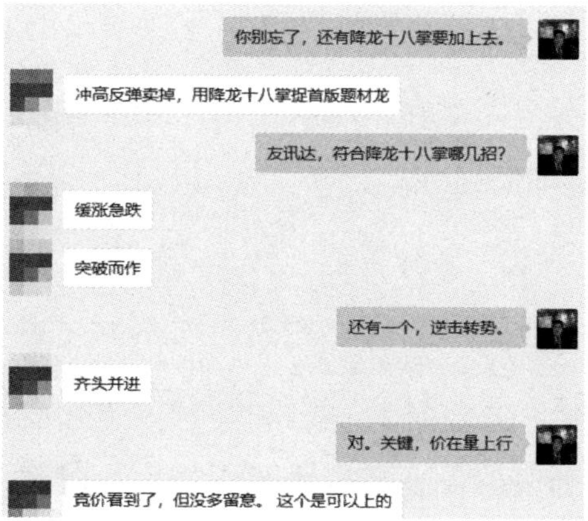

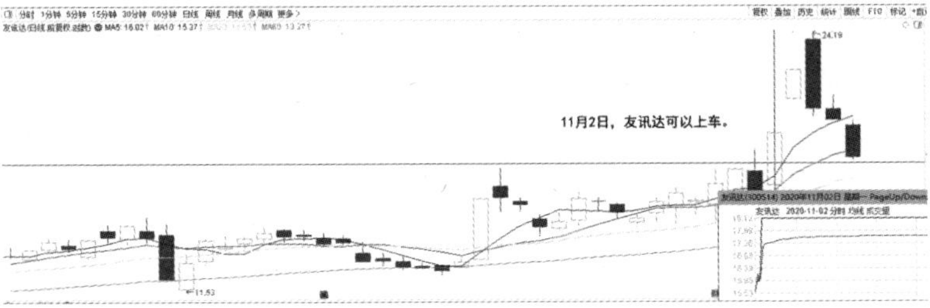

友讯达日K线图

在不透露任何个人交易秘密的情况下，能否谈一些关键的交易策略？

太阳底下没有新鲜事物，也谈不上什么秘密。所有的策略方法其实都隐藏在市场每天的价格运动中，只是需要人去发现和恰当地运用。

你说的关键的交易策略，什么可以称之为关键呢？我个人觉得，市场环境不同，交易策略不同。书中龙头战法要诀中，有这么一段话：题材情绪是关键，环境一变我亦变，孤独九剑多变化，招招都是无情剑。啥意思呢？市场环境不好时，比如监管严周期或者市场退潮期、情绪低迷期，总之市场接力意愿不高的时候，就别做高度板了，仓位也要跟着减小，反之则反。

总的说来，不管高度板还是低位板，都要遵循三维共振，其中题材很重要。但在实践中，我发现，有些短线选手，做着做着就忘了有些原则，明明没有新大题材了，还在天天重仓做。真正的高手，一定不是主动交易，而是被动交易。虽然听上去，被动不如主动这个词阳光正面，但恰恰反映了资本市场里的本质规律和少数派人士的高人一筹的智慧。

即，市场通过时间孕育，自然运动到我们眼前，我们发现机会了，才去交易。而不是不顾条件，主动地、主观地甚至急迫地去交易。对龙头战法选手来说，天天这样做，很容易陷入“臆想龙头”的陷阱。打个不恰当的比方，就像找老婆，只有不断地放弃，才有可能等来最好的那个。

能不能谈谈，对你来说印象深刻的几笔交易？要把握这些龙头股，其中的关键点是什么？

相较而言，去年金力永磁、天顺股份就比较好。金力永磁这个案例，涉及龙头的中途变化，对交易水平是一个考验。天顺股份的难点在于，在情绪低迷期，对资金风格的转换要有预判。上半年的宏润建设也不错，其关键点在于疫情末期，题材逻辑的变化。前段时间沪硅产业也比较好，盈利97%左右，因为中间做T，入场点比较精准，这只票的关键点在于对主力意图的识别。

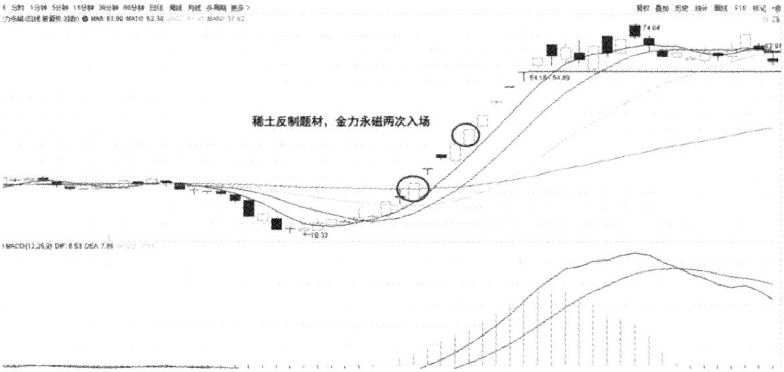

金力永磁日K线图

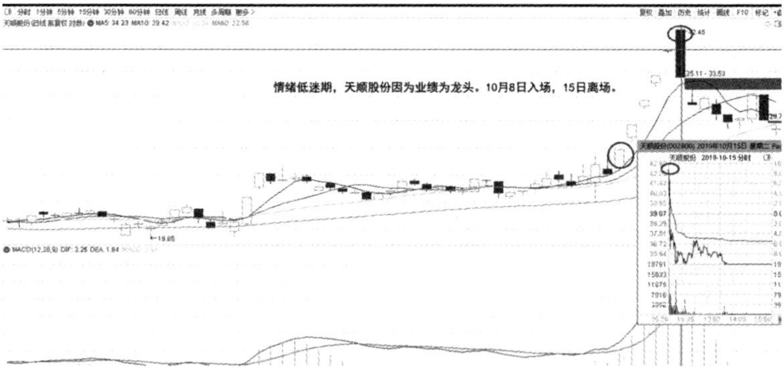

天顺股份日K线图

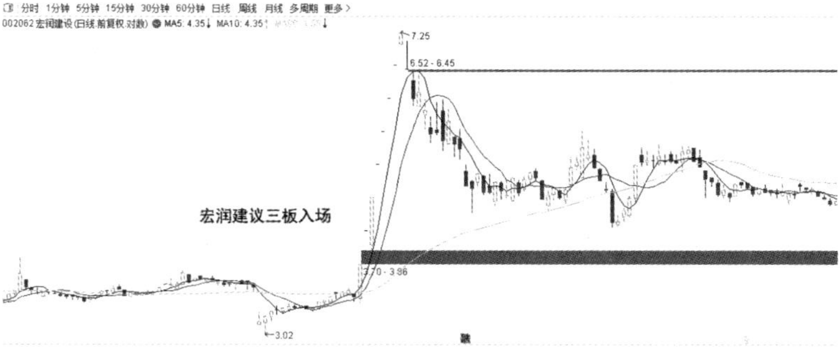

宏润建设日K线图

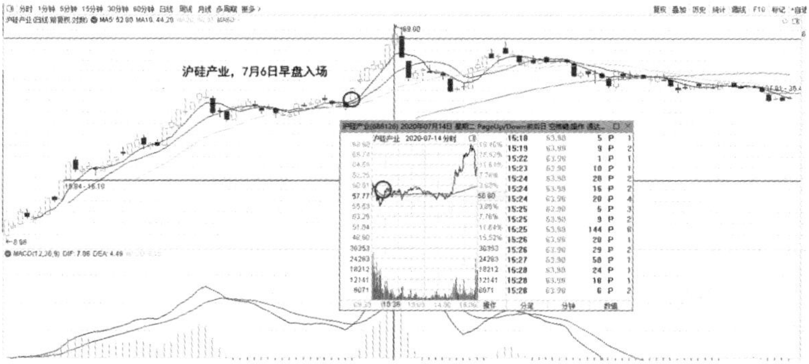

沪硅产业日K线图

但以上几只票时间过去较久了，我说下近期操作的几只票。前不久的英特集团、光启技术，还有复兴医药，这三只股票，前面两只是龙头战法，复星医药实际上是走趋势。但都是属于三维共振理论在实践中的运用。光启技术和复星医药的关键点在于对资金意图的把握。

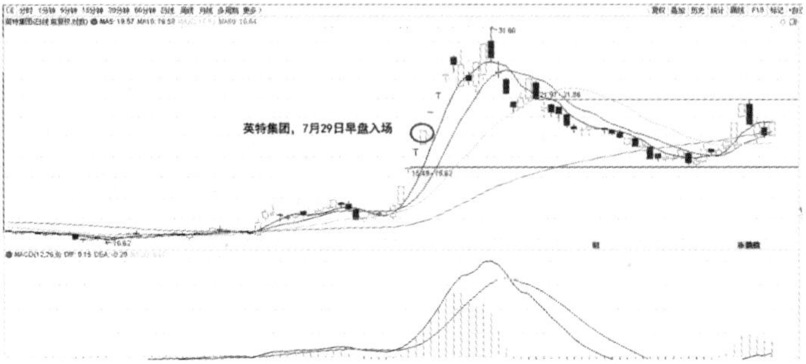

英特集团日K线图

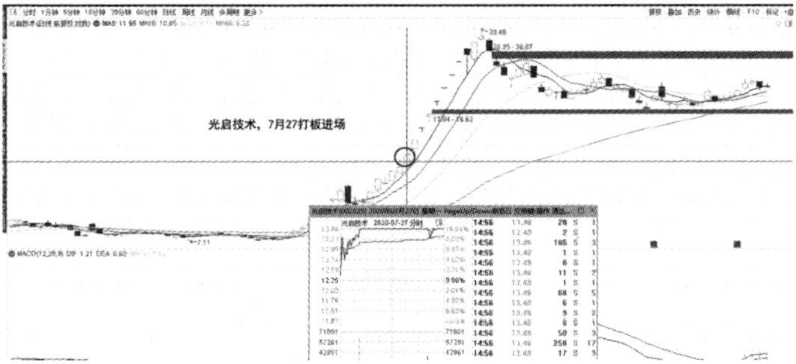

光启技术日K线图

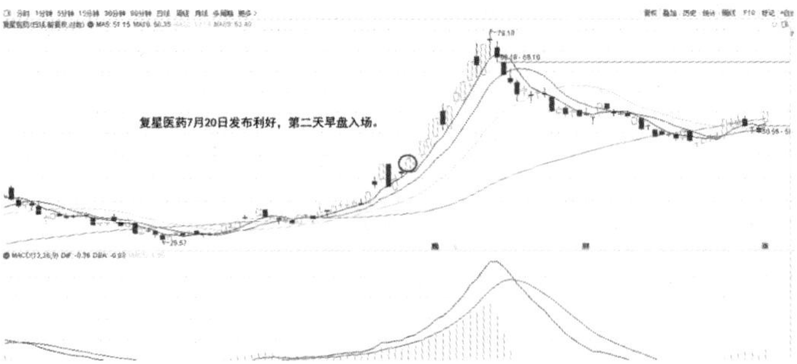

复星医药日K线图

英特集团一板二板本来就可以上车了。由于对它的题材认识后知后觉，错过了，结果四板才上车。但为什么对这只票印象深刻呢？四板上车也是相当不容易的，难点在于对当天情绪的预判。我这儿重点说一说。

2020年7月28日，外盘大跌。7月29日英特集团开得很低。很多前期进场的都走掉了。按照常理，不及预期，就应该出场了。怎么还会进场呢？在这个时候要对情绪的转变有一定理解，英特集团为什么当天只开不到三个点左右，根本原因在于，它受到了外盘的影响，对吧？我们有讲指数是短线情绪的一个助推器，当然指数我们都知道是由权重所决定，其中权重里面证券是很重要的，证券是低开的，那么这个时候就取决于你对证券后来的走势是怎么一个理解。当然根据我的判断，证券低开了之后大概率是上行的。那么证券的上行和英特集团的上行就会形成共振。但是问题是，等你慢慢想清楚了之后，英特集团就涨停了，你根本来不及买。所以这天的买入，相当考验人，快速判断，快速决策，马上上车才可以，否则你当天买不进去，第二天你也根本买不进去，然后再过一天高开9个点，你进还是不进？

2020年8月24日创业板实行注册制后，我印象较深的是乾照光电，按说，它的买点在9月4日早盘，但我是在9月3日上午10点40分左右入场的，运气不错，所以印象就很深。这只票的关键点在哪呢？对K线形态和主力意图的把握。

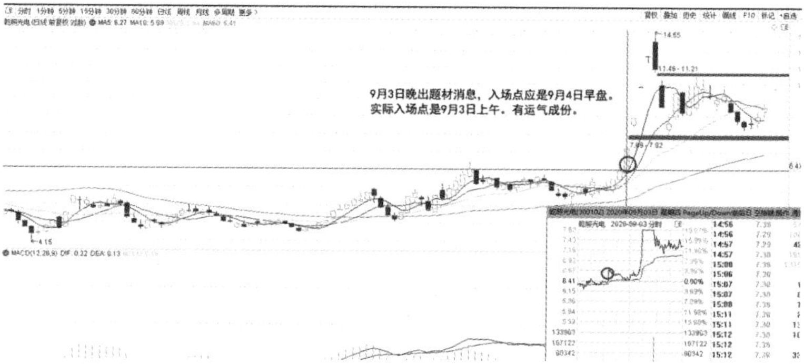

乾照光电日K线图

龙头战法跟趋势战法同时应用，在实盘操作中会存在互相干扰的情况吗？

如果趋势股不做T的话，就谈不上啥影响。另外，如果专注于龙头战法，多数时候，交易往往上午就完成了。

真正的影响在时间分配上。因为趋势股的选择很强调投资逻辑，对基本面要有相当的了解，这是关键。个人的时间精力是有限的，最好还是团队合作，效果更好。

作为一个交易者，每天都会面临很多选择，选择也是诱惑，你是怎么面对这么多的诱惑，以便让自己在选择面前能够做到从容坚定的？

对于许多散户朋友来讲，刚刚进入股市一开始都是这样，感觉这个也是机会，那个也是机会，恨不得所有的都抓住。

其实他不明白一个道理，你把你有限的资金，这个也去买，那个也去买，其实跟你重仓买一次效果差不多，对不对？反过来，如果股票多了之后，你会顾此失彼。所以说，资金不是很大的情况之下，没有必要买太多。这是我想讲的第一点。

第二点就是正面回答你刚才说的问题，股票做久了之后，要不断地总结。当你有了交易系统以后，你自然就知道，盘中看上去，这也是机会，那也是机会，但是不同的选择第二天的表现那是大不一样的。所以，自然而然就是懂得如何选择了。另外一方面，我觉得做股票做到一定程度的时候，你会明白一个道理，我们买股票，不是为了做龙头战法而做龙头战法，我们是为了赚钱而选择适合自己的战法，既然要赚钱，要稳定盈利，就最好先不要想怎么赚钱，而先要想怎么少亏钱，最好不亏钱。这样两方面结合，两相权衡，在面对诱惑时就能从容一些了。

打个不恰当的比方，人年轻时血气方刚，也要经历太多诱惑，尤其是在男女情爱方面，从而浪费太多时间。年纪大了，经历多了，心也安了，自然就知道自己想要什么了，就容易做到坐怀不乱了。

你怎么处理交易亏损带来的压力和焦虑?

关于压力和焦虑，不同的人还真是不一样。反正我基本上没啥压力和焦虑。即便偶尔有些不快，但只要读一读《长征》，努力体会一下当年身处逆境的红军战士，他们面临的是啥困难？我就觉得在和平盛世做股票亏点钱，这点苦痛，简直是不值一提。但我确实知道很多人总是有各种焦虑，你没办法钻到别人肚子里去撑。

其实一个人做股票投资，包括做期货也是一样，最开始的时候，你确实是为了求财，你看这个“财”字，它是一个“贝”字，还有一个才能的“才”构成的，对不对？说白了你想有“财”，得先有“才”。而人要具备一定的才能，你就不得不先变成一个思想者、求道者。当你感觉到你是在求道的时候，你把钱就放一边了的时候，你的烦恼就减轻了。股灾大亏那段时间，我当时就是这样想的，就是无论我多么窘迫，它不影响我吃饭对不对？而且不影响我别的什么东西。我就当亏的这些钱，从来都没赚过一样。

当然我这样说可能有点理想化，每个人性格不一样，经济条件也不一样。人都是肉体凡胎，如果老是亏钱，心情是不会好的，如果又有家庭方面的压力，那么压力和焦虑是必然的。正因为如此，书中反复提及，初学者不要重仓瞎搞。另外，龙头战法可以轻仓学习，心态自然也会好了，压力和烦恼自然也没了。

但实际上，也没人听，有啥办法呢？有人曾经问巴菲特，您盈利的方法早已公诸于世，但为什么没人按您的方法获得成功呢？巴菲特回答说，人人渴望成功，但没人愿意慢慢致富。

自己是一切问题的根源。佛祖说，因果不可改，智慧不可赐，真法不可说，无缘不能度。实在是太有道理了。

你主做股票，应该没经历过爆仓吧？

股指期货爆过仓。当时啥也不懂，就瞎搞，两天亏了近50万，但之后好久就没做了。股票则不同，经历过好几次，亏了又补，亏了又补。就跟打仗似的，前仆后继。

人就是这样，当你账上钱多的时候，你鼠标点的时候是沉甸甸的，但是你那个钱少了之后，鼠标点着都没感觉了。比如说你一下出去500万、出去1000万，鼠标点了感觉就不一样，很过瘾。但是你一旦钱少了，你自己就觉得没劲。所以这种给人感觉还是很明显。

事非经过不知难。股票也好，股指也好，都是易亏难赚的。对于很多人来说，亏了就永远回不来了。前事不忘，后师之师，所以再次建议初学者，一开始轻仓学习，千万不要重仓瞎搞。

你认为一般的投资者最常见的错误是什么？

我觉得一般的散户朋友最大的问题是，凭感觉交易，亏损后，又报复性交易。这是根本，是最常见的一条。

一个人在不懂的时候，他不知道自己不懂，就像我们人生的历程一样，在每一个年龄段你都觉得自己很懂，对不对？可是过了5年、8年回首一看，我那时候怎么那么幼稚？人都是这样子，在无知的时候总是很自负，自负就想乱搞，还特别固执。直到他知道得越多的时候，心中一片光明，才知道光明之外是更广阔的黑暗，才心生敬畏，懂得谦逊。

所以我认为凭感觉买卖就是散户主要存在的一个问题。大家都是过来人，开始都这样，其实可以理解。但问题是，不能总是这样。要知道，股市是一个只有少数人才能持续成功的游戏。你问一下自己，少数人具有什么样的特质？你把心升到离地一公里的高空看一看人间，看一看全世界，无论是哪一个行业，那些持续成功的，是什么样的人？那些注定后来要成功的人，他的人格和智慧是在不断地完善的。

但是很多散户朋友，他的思维是封闭的，有时赚了钱，洋洋得意，有时亏了钱，垂头丧气，然后每一天依然在错误的道路上重复。他不去想这些根本的问题，他不去想该怎么来解决。

要说的话，每一位散户朋友其实都想改变自己的命运，对吧？但我觉得多数人仅仅是想，并没有痛下大决心，思维打不开，没有实际行动，他没有走出这一步。

只有极少数有志向的人，听从内心的召唤，驱策自己踏上心灵的长征，完成人性到神性的修行，直至最后成为一位真正的股林战士。

关于学习股票交易，你最重要的感悟是什么？

有人说，如果一个人干别的行业，10年的时间应该有相当的积淀，但如果是干股票，对多数人来讲，10年可能刚刚入门，甚至门都没入。听起来时间很长，其实是没人指引，瞎耽误功夫，自己也三天打鱼、两天晒网的结果。

我觉得股票交易，最好一开始就要走在一个正确的方向上，然后再慢慢深入学习，这样比较好。对于初学者来讲，一切行动只能以建立交易系统为唯一的目的。如果没有走在正确的方向上，你就是在错误的道路上不断地重复，这是没有意义的。相反，有了正确的方向，每一次摔跤，都是向着成功前进了一步。

而行之有效的交易系统，缘于对股市的深刻认知。有些朋友学了一段时间，以为知道得差不多了，但其实知道得不够多，不够深。只是自己不知道，还以为是自己心法的问题。

知行合一为什么难？往往还是知道得不够多，不够深，所谓知到深处即是行，这是相当有道理的。

如果让你现在给刚刚涉足交易的新手三条建议，你会给哪三条？

第一点，初学者不可重仓。因为有些初学者经济条件并不好。就跟打仗一样，部队弱小的时候，得保存有生力量。如果你的钱亏光了，即便有了一个交易系统，本钱都没有了，你还搞个啥是不是？当然，经济条件好的土豪，那是另一回事。

关于这一点，我要讲点题外话，允许我展开一下。股灾那段时间，亏损惨重，有一天我突发奇想，我觉得股票这么难，即便是毛主席这样的伟大人物，如果生在和平盛世，他来做股票，应该也会不断亏损吧？跟几个朋友一说，大家都呵呵一笑，深以为然，聊以自慰。直到有一天重读《长征》联想到毛主席在井冈山的峥嵘岁月，才恍然大悟。你看他老人家打仗，从来都是，打得赢就打，打不赢就走。总是以保存有生力量为第一原则，这是多么朴素的真理啊。

第二条，初学者不宜盲目瞎试，空耗岁月。交易系统的形成，根据我个人的体会，如果仅仅靠自己去看书，自己悟的话，说实在话，这个时间较长，很多人中途就战死沙场，跟打麻将打牌一样，中途就亏光走了。所以，要形成交易系统，如果完全靠自学，时间长不说，也有一定难度。想想看，跟练武术一样，自学成才的有几个？

我的建议主要就是上面两条，非要有第三条的话，我可能觉得人的品性和胸怀很重要，人一定要明白一个道理，自己才是一切问题的根源。每个人心中，跟人格和智慧相关的那部分，最好保持一个自我完善和开放的态度。

对于已经涉足交易较久，但是依然是持续亏损或者尚未稳定盈利的交易者，你有什么建议?

这一点我是感触很深。为什么感触很深呢？因为这样的交易者见过不少，搞的时间真的是不短了，而且他懂的东西确实也不少，但总的来讲还是亏损，一说起股票，就心情复杂。有的虽然不是做短线，但搞了10多年，而且学费交了不少，但我认为他的买点完全就没有入门。

有句话怎么说？股海无边，回头是岸。实际上呢，多数人是股海无边，进退两难。其中有些人是“一知半解，自以为是”，没有一个空杯心态。

所以我第一个建议，就是老老实实地放下执念，认真学习，建立交易系统。股票学习的历程是一个悟道修心的历程，为什么这个老在悟道的过程中？悟是一个竖心旁一个吾字，对不对？只要你的“我”这个字放不下，你永远就在悟道的路上。更可怕的是，永远在错误的道路上重复而不自知。

第二，选择合适的交易模式。有的盈利模式，对人的综合素质要求较高。我总结了一句话：价值投资，重剑无锋；价值投机，巧夺天工；龙头战法，人中龙凤。最好是选择相对容易的交易模式较好。人呐，不把亏吃够，就不知锅是铁打的。

当然，对部分朋友来说，问题可能还不在交易模式的选择，而是根本就没有机缘学习，从而建立自己的交易系统，好多人以为到处看看书、看看公众号就能成为高手，要是这么容易的话，谁还上什么班呢？关键是，恐怕坚持不到稳定盈利的那一天，就亏光离桌了。

第三部分

交易与生活

在悟道修心的历程之中，每一个交易员可能都会经历一个心灵的长征。

建议把股票当作一个游戏。既然是游戏，不可不认真，又不可太认真。

我个人觉得理想的生活可以用4个字来形容，叫“君子役物”。君子的心灵，要超脱万物之上，而不能反过来。

你上学时学的是什么专业？是科班出身吗？

我学的是物理专业，不是科班出身。毕业之后，在一所中学当物理老师，但时间并不长，很快就离开学校了。在学校差不多待了三年的时间。

你当时决定离开学校不做教师，是基于什么原因？

这个问题说来话长。跟很多人一样，人年轻的时候都有一点想法，古人不是说吗？愿乘长风，破万里浪。因此心中很不安定。

有一天在教研室，看到一位五六十岁的老教师备课特别认真，惭愧之余，我就想，如果在学校待三四十年，那他今天的状态，完全可能就是我的明天。我觉得我必须离开，但是离开学校去哪里，其实我也并不知道。但是我知道继续当老师肯定不是我想要的，将来回首往事一定会后悔，就下决心离开了。

记得离开学校的前一天，我在宿舍的墙上题了一首古诗，其中有两句“出门便作焚舟计，生不成名死不归”。实事求是地说，当初离开学校，并不完全是为了钱。那时候，谁跟我谈钱，我就不跟他说话。但进入社会后，没人发工资了，很快发现没钱就没法生活。真是，大丈夫不可一日无钱。很惭愧，但现实这是这样。

如果时间倒流，还会从学校离职吗？

这个，我想还是会离职吧。时间倒流回去，人的成熟度肯定也倒回去了，应该还是20多岁的想法，心里还是不安定的。再说，我觉得我性格中，有两个不同的方面，一方面，有点精神洁癖，喜欢不受约束、自由自在的生活。另一方面，还是有点抗争精神的，不肯安于现状，从不轻言失败。总体说来，后者还是占主要。说实话，没有这个精神，股票这一行，是很难坚持下来的。

顺便说一句啊，我当年在学校，是很受学生欢迎的哦。一晃这么多年过去了，现在想来，在学校的那几年，其实也是人生最美好的时光。教书育人，远离尘世喧嚣，平淡而闲适，不失为人世间最好的工作。

请问你为什么给自己取名叫杨楠呢？有什么特别的意义吗？

名字只是一个代号。某种意义上，反映了自我认识的一种变化吧。父母取名，往往寓示了对孩子的期望。以我自己的体会，父母给孩子取个正能量满满的名字，对于孩子的心理建设确实是挺好的。

我的本名也是这样，翔鹰，一只雄鹰在空中飞翔，给人感觉比较阳刚、大气。小时候，同学，老师都说名字取得好，每次听到别人的夸赞，感觉还是挺好的。但是随着年纪的增长，特别是高中、大学那几年，我对人生有了一些新的思考。渐渐地，我希望别人听到我的名字，脑子里不再是霸气侧漏的样子，而是谦抑平和的印象。大家好，才是真的好。

我一直比较喜欢树。树的特点，就是低调平和，对人有用而不张扬。你看大自然的花草树木，默默装扮这个美好人间，但永远沉默无言。

“杨”这种树呢，有的耐高温，有的耐严寒，适应能力极强。比如荒漠地区的胡杨，耐寒、耐旱、耐盐碱、抗风沙，有极强的生命力。瀚海戈壁，赤地千里，唯有胡杨傲立，睥睨四野。人们这样赞扬它：“有一种生命，屹立着，或者倒下，无论活着还是死去，都使人不能漠视它的存在”。杨树，它的树冠昂扬向上，而树干苍翠挺拔，寓示着乐观向上、忠贞不渝的气节。而“楠”这种树，自古是树中良品，其材质坚韧，经久不腐，虽然长于深山，但于人有点用处。北京故宫太和殿承重的部分都是楠木。

所以，我当时的意思就是希望做一个有气节，平和谦逊，对他人有点用处的人。

你离开学校后，后来怎么选择的?

跟许多人一样，去了南方。在广东待了三年，后来在重庆、成都、北京之间往来折腾，直到2009年来京定居。有人说，很多人终其一生，只是努力活成了一个普通人。我也一样，作为一个普通人，中间这些过程就不值一提了。

刚来京的那几年，事情很少，基本不做什么事，那真是不受约束、自由自在，每天很闲，有朋友开玩笑说我是全北京最闲的人。其实那时候，心中还是不安定的。有一首打油诗能反映当时的心境，“繁华此人间，何处是归依？国博对英灵，长恨不同时”，这是后来我在国家博物馆瞻仰林觉民时写的。

直到后来遇到了股票。让我的人生从一种状态进入了另外一种状态。

你典型的一个交易日是什么样的?

以前的话，投入的时间是比较多的，基本上一天24小时除了睡觉，就是干这个。现在就没有这样弄了。

现在我一天基本是这样，早上一般7点左右起床，再回顾一下昨天的盘面，看一些重要新闻，一些重要的公告，外盘的表现情况。到办公室后，做一下盘前准备和必要的推演。然后9:15，集合竞价就开始了，开始看盘。

多数时候交易是在上午。到中午的时候，至少要抽5

分钟到10分钟，回顾一下上午的盘面，对重要的公告要看一下，财联社、选股宝都有。然后下午继续看盘，有时候觉得没必要看了，就离开电脑了。一般收市之后，要回顾一下盘面，做必要的记录。然后基本上就不再干跟股票有关的什么事了。

晚上7点的新闻联播，是每天的必修课，同时也是生活的补充，对吧？然后喝喝茶，看看书，有时看看电视。古人造字真有意思，茶，人在草木之间。股票从业者生活一般都比较单调，来一杯沁人心脾的茶，心情会宁静许多。当然有时候晚上也会翻翻股票。

那么这样算下来的话，实际上围绕着股票的时间也并不是太多，比以前轻松得多。但有时候周末复盘用的时间就多些。

现在能够很好地平衡你的交易和生活吗?

你这个问题，让我很有感触。说点题外话，我觉得做上了股票，一路走到现在，确实也不容易，当然我并不后悔，但是实事求是地讲，在悟道修心的历程之中，每一个交易员可能都会经历一个心灵的长征。

对于长征，如果不反复看书，如果不去反复感悟和揣摩当年那种战争环境的话，有些东西，你是体会不到的。《长征》一书的序言里有讲，长征是人类历史上不畏艰难的远征，是不畏牺牲的远征，是传播理想的远征。那些当事人，包括毛泽东等革命先辈以及普通红军战士，他们在险恶环境中表现出来的对理想信念的忠诚，那种视死如归的精神，实在是感天动地。

《长征》这本书，我读了少说有10遍吧，我是有感悟的。那么对于我们做股票的人来讲，尤其是完全靠自学的，也是不得不经历一个心灵的长征。长征路上，难免就会有很多苦痛的时刻。我一般不用痛苦这个词，因为痛苦这个词它是软弱的，而苦痛这个词它显得比较中性。每每这种时刻，我都会想到当年中国工农红军两万五千里长征，想到伟大领袖毛主席。

曾经有一回股票遇到重大挫折，百思不得其解，一晚上没睡好。第二天早上醒来，突然想到毛主席，就想去天安门瞻仰一下毛主席。为表诚心，我决定步行，于是我立马出发，一路步行，沿着通惠河走到天安门，一共走了

57000多步，接近8个小时。还诌了一首打油诗："疾行六十里，终到紫禁城，人群中独立，心念毛主席"。

总的来说，我觉得在悟道修行的过程中，是谈不上生活的。所以我是强烈地不建议经济条件不好的人来玩股票。所以我写《情绪流龙头战法》这本书的时候，初衷就是这样，建议初学者干脆退出股市，但是有些人他不会听，如果不听，那就要精进学习才行。

我今天来的路上，在过长安街的时候等红绿灯，我看到左边有个路牌，叫台基厂大街，右边有个路牌叫王府井大街，当我看到这几个字的时候，脑子里首先跳出来的是两只股票，台基股份难道在这？王府井不是免税店的龙头吗？看到没有？都成条件反射了。有时候睡觉的时候脑子里面都会出现一些K线形态。

我们这些搞股票的就是这样，经常把啥都给联系到股票中去了。比方说看到男女双方谈恋爱、结婚离婚，自然联想到了股票从孕育期到高潮的过程，不过从中真还得到了一些启示。

我这个话题扯得有点远，我想表达什么呢？就是我本人在悟道修行的历程中是谈不上生活的，其根本原因是一师难求。当然我不至于很痛苦，但我不希望后来者是这样，我个人觉得理想的生活可以用4个字来形容，叫“君子役物”。君子的心灵，要超脱万物之上，而不能反过来。

当然，现在的状态要比以前的好很多了，能比较好地平衡工作与生活。

平时会和朋友交流你的交易吗？或者赚钱的时候，或者亏钱的时候。

从来不讲。因为股票这一行非常特殊，尤其是龙头战法，那更特殊了。不懂股票的人，你跟他谈股票说实话对牛弹琴。注意啊，对牛弹琴，不是牛的错，是弹琴的人有问题。所以，我不干这事。

另外，对于龙头战法来讲，说实话它是分段位的，段位低的人是看不懂段位高的人的，但是段位高的人看段位低的人是一目了然。所以这个有时候真的是曲高和寡，你跟人家交流三五分钟，你就可以判断他的段位，你就知道你说的东西他不会懂。如果说有那种悟性高一点的人，他会建立一种假设，不会自我设限，他还会听你讲个一二三，但是那些心灵比较封闭的，他先入为主，不接受你，所以你跟他谈这个东西说实话是自取其辱。所以无论盈亏，一般很少交流。

但有些股林同道就不一样了，特别是能力强、人品好的朋友，做股票，尤其是短线，能有这样的朋友是一种幸运。

你觉得交易要取得一定的成就，天赋重要吗？运气重不重要？或者你认为哪些因素比较重要？

我也不止一次在思考这个问题。天赋重不重要呢？当然重要。恐怕任何一个领域，要想成功，对天赋都有一定的要求。要成为歌唱家，公鸭嗓子肯定不行吧。股票交易这一行，除了理解力，我认为更重要的一点，是逆商，就是面对困难和挫折，百折不回的精神意志。这是任何领域，要取得成功的首要因素。情商呢？也非常重要。当然我指的情商，是指控制情绪的能力，或者说自控力，没有一定的自控力，就不容易做到知行合一。

另外，我觉得个人的人品修为很重要。一个人品好的人，就像鲜花一样自然地吸引那些蝴蝶，信息会四面八方地向你这儿汇聚，能够打开你的思维。我觉得，头脑其实是最大的监狱，世界上最远的距离不是天涯与海角，而是人脑与人脑之间。如果人品好一点，并且是一个开放的人，不自我设限，那就容易实现越狱，头脑的越狱，可能就在某一个时刻你就开窍了，对吧？

当然你说运气重不重要？不重要。因为运气能管一时，能管一世吗？股票交易，一两次正确的交易没有任何意义，持续的成功才有价值。斗地主大家都会，运气再好，双王四个二不可能每次都被你拿到，没有技术支撑绝对是不行的。就算运气重要吧，我有时候总跟人开玩笑，为什么有些人运气好，有些人运气不好呢？我觉得人品好的人往往他运气就好，虽然经不起科学的验证。但我们可以认真看一看，认真想一想，任何领域，最后取得一定成就的人，有几个是人品很差的？

你认为什么样个性和背景的人适合从事股票交易？

如果是趋势战法，这个相对简单一些。无论是剑法和心法的要求，相对来说都低一些。

那么若是龙头战法，要求就比较高，要求一个人有较强的理解力，否则，你真的理解不了那个东西，你就没办法，是不是？另外，有一句古诗是这样说的，千磨万击还坚劲，任尔东西南北风。但生活之中我们知道很多人，说实话心理承受力不行，一击两击三击就完了，哪还谈得上千锤万击。所以我想说的是逆商比较重要，前面也讲了。

另外，还有其他方面的特质也比较重要。就是胆识，胆识这个东西，可能就是跟人的禀赋有一定的关系。我打个比方说，东方明珠观光塔，上面有一个玻璃栈道，看上去很害怕，但实际上它走上去是很安全的，对不对？生活中，有些人就是恐高。随便你跟他怎么讲，你让他走一圈，他不敢，他没有办法假装不恐高，对不对？这就是性格中某些因素的制约，对吧？股票也是这样，要求你有胆识，但如果一个没有胆识的人，非要要求他具有一定的胆识，这个过程就会长一些。对不对？至少龙头战法学起来，就慢一些。

此外，天道酬勤，股票也是一样，勤奋的人总会得到老天的眷顾。知识背景方面，金融、经济类专业就比较适合，特别是精通财务，那是最好不过了。

总的来说，股市这一行要成功，本身就得有创业者特质，跟实体经济创业者是类似的。虽然我认为股市是零和博弈，不建议初学者入市，但即使退出股市，进入实体经济，如果没有那种“生而不凡”的自我驱动力，没有“我命由我不由天”的男儿气概，随便哪个行业，都不可能成功。

你觉得是全职还是兼职更适合这一职业?

在建立交易系统之前，我是强烈地不主张、严重地不赞同专职做股票。除非经济条件过硬，有钱，有闲。那是另一回事了。

出于良知，我必须要说，对于初学者，股市真的是猛于虎。有句俗话说得好，钱赚不完，但可以亏完。夸张一点说，当你进入股市，有一个声音在股市的门口对你说：欢迎欢迎，热烈欢迎。只是你听不见而已。对于初学者来说，你以为你是来赚钱的，其实你是来送钱的，只是你自己不知道而已。

所以我不主张来专职做股票，你兼职做即便亏了，好歹还有收入。你要是专职，特别是还要拖家带口，那就不好了。炒股败家的故事还少吗？再说，兼职一样可以把股票做好。

当然，前面说了，有钱有闲，又对股票特别喜欢的朋友例外。从技术修炼的角度，专职肯定要快一些。对于工作本来还不错的白领，建议先一步步来，但如果真是爱好股票，虽然是兼职，也一定要学习精进。

资本市场，考的就是理解力。只有少数热爱学习的聪明人才有可能建立交易系统，并获得持续的成功。

如果人生重来的话，你还会选择现在的职业吗？

刚好我也想过这个问题。如果人生重来，我想还是会选择这个职业，除非股市不存在，或者说在忙其他事，没有机缘进入股市。

当时我身边的朋友都是被股票折磨得不行，他们在股市面前都投降了，失去了谈笑风生、意气风发的样子。我就表示不服，非得要把这个弄明白，从这个角度来讲，如果时间倒流回去，除非我不进入股市，一旦进入，估计还是不会投降的。在困难面前投降，自己说服不了自己，性格决定了。

如果没有性格上的这个原因，我可能不愿意干这个。因为我要是没有接触股票，我就不存在自己说服不了自己的问题了，是不是？我很尊敬在股市里面成功的人，不管是价值投资还是龙头战法，不管是价值投资的高手还是游资大咖。但这一行毕竟不创造GDP。我有时想，在股市里，除了赚钱，最大的价值在于个人的修行。相较于一位普通的科技工作者，或者一位普通的人民教师，谁创造的社会价值更大呢？谁的人生更有意义呢？很难说清楚。

希望我这个话不会引起其他股票从业者的不适，这只是我个人的看法，未必正确。

如果将来你的孩子想进入这行，你会支持吗？

我只能说，我不支持，但也不反对。

前面说了，股市是财富的转移分配，本身并不创造价值。而实业是创造财富的，能解决就业问题，能为国家创造税收。另外，实体经济虽然也有竞争，但它是良性竞争，竞争的结果都会有利于消费者，还促进社会的进步和繁荣，对吧？此外，做实业的包容性强得多，你要是当不了老板，你可以当合伙人，你可以当高管，再不济你可以当一个普通的职员，对吧？你都有饭吃。

股市是零和博弈，要么赢，要么就是输。这一点，初学者一开始往往领会不到，认识不到股市的斗争性。另外，我们来看一下这个市场里面的各色人等。产业资本在股价到了高位的时候，它有减持的冲动，对吧？国家队，它难道是来亏钱的吗？所谓的保险资金，既然它叫保险，会亏钱吗？它离政策的源头更近，是不是？你再说公募这些机构，什么券商自营盘，包括银行理财公司，包括那些私募公司，还有聪明的外资大鳄，它们想亏钱吗？在这种群狼环伺的资本市场，散户就像一群手提大刀、长矛的原始人，冲进现代人壁垒森严的机枪、坦克阵地。胜算几何？

大多数散户注定是会亏损的。虽然说国家设立股市的初衷，是让有钱有闲的人来玩，但是实际上进来的好多是没有钱的人，因为没有钱，所以想赚大钱、赚快钱，结果反而亏钱。

所以，我希望我的孩子将来最好从事教育或艺术方面的工作，生活在宁静详和的精神家园。在零和博弈的环境里待久了，有可能破坏对人生的美感。当然，如果换个角度，把股票交易当作是一个智力游戏，就另当别论了。这得看孩子自己怎么认识了。

如果说某一天你已经挣够了心中的那个数字，你还会跟交易沾边吗？

客观地说，当初进入股市之所以屡败屡战，宁死不退，真的是性格所致，并不完全是因为亏了钱。在困难面前当缩头鸟，不符合我的性格，自己很难说服自己。虽然说起来显得有些矫情，但确实如此。

我觉得现在我能说服自己了。所以有时候，还真想停一停，跟赚到多少钱没有直接关系。另外，就看你真正喜欢什么事情。人到一定年纪的时候，总是不能干自己真正喜欢的事，这个感觉并不太好。老实说，股票交易，就跟下象棋一样，别有一番乐趣，当然不会反感，但要说有多喜欢，这是谈不上的。

不过，股票交易，最大的好处，就是让人感觉很充实，而且很有乐趣。所以有钱有闲又没有别的爱好的朋友，可以来干这个。

现在交易还能给你带来紧张感吗?

没有，这么长的时间了，紧张感早没有了。兴奋感倒是时时有，尤其是在大盘至暗时刻，雨急风狂，天地失色，这种氛围之下，突然一只票异军突起，你看这个主力矫健的身影，那真是沧海横流，方显出英难本色，顿有知音之感，你跟着它一起走对不对？这种时候，买票成功，那感觉特别好，非个中人不能知也。

关于股市你还有哪些感悟？除了交易之外，你还有别的重要目标吗?

谈不上重要目标，只能说是个人兴趣吧。古人说，吾生也有涯，而知也无涯。投资这一行博大精深，我觉得自己还很无知，要学习的地方还有很多很多，其他领域更是如此。

股市给人带来的感悟很多，角度不同，答案不同。从思维的角度，我觉得最大的感悟是：思维是分层级的，跟爬山类似，高度不同，段位不同，看到的风景不一样。因此，真理不是往往，而是永远掌握在少数人手中。好多表面上有道理的，实际未必正确，大多数人认同的东西，基本不正确。

比如美国大选，就让我联想到政治体制，相较而言，我认为所谓的民主制度就远不如民主集中制。国家如此，企业也如此，尤其是初创企业，要搞民主，多半是死路一条。科学更是如此，真理一定是在少数人手中。爱因斯坦的相对论，当初只有他自己才懂，即使是现在，又有多少普通人能搞懂？说实话，我是学物理的，很惭愧，我就搞不懂。我相信，懂的一定是少数人。

股市这一行，群众的智慧就是愚蠢的叠加。对于有心求道的朋友来说，如果你不从大多数人的圈子里走出来，就永远摆脱不了亏损的命运。

你在《情绪流龙头战法》书中第三部分《股市天经》提到范仲淹、张载、王夫之，跟股票有关系吗？

在《股市天经》中，范中淹、张载、王夫之是一脉相承的关系。尤其是张载，有句名言传诵千古：为天地立心，为生民立命，为往圣继绝学，为万世开太平。虽然跟股票没什么实质关系，但都是在不同的领域“求道”和“行道”。

世界很广大，想法各不同。有人热爱投资和研究，其乐无穷。有人觉得，做实业更好，不但能推进社会的进步，还能解决就业问题，又能为国家创造税收。有人觉得，只要跟钱有关的事，无论多么成功，都不是人生的终极目的。《股市天经》中的王求道，就是如此，这也是为什么他一朝悟道，然后隐于江湖、消失不见的原因所在。

股票交易也好，做实业也好，只是行业不同，个人兴趣不同，并无高下之别。但是我们仔细想一下，真正做实业能大成的人，往往是有理想的人，做人做事颇有求道之心。股票交易这一行，是直接跟钱相关的。但个人认为，如果过于关注金钱的得失，往往离道更远，且不容易坚持。我把这个叫作：求道者生，求财者死。

《情绪流龙头战法》出版后，读者反响挺好，你自己怎么看？以后还写书吗？

这是一本系统反映龙头战法的教材式书籍，给热爱龙头战法的朋友提供了极其重要的学习框架。其中蕴含的原理和思想，不但适合龙头战法，也适用其他盈利模式。我自认为这是一本良心之作。尤其是第三部分《股市天经》，对一个理科生来说，真的是相当费劲，有缘的读者，尤其是短线选手，建议你想一想，作者何苦要自讨苦吃呢？

我相信只要沿着本书指引的方向，一定能缩短悟道修心的历程。我更相信一定有读者能在此基础上进一步发扬广大，取得骄人的战绩！出版以来，读者的反响确实比较好，收到很多溢美之词。不过我自己觉得，对于已经能稳定盈利的短线选手，就没啥帮助了。本书不是针对高手来写的，主要是想兼顾股票初学者和有一定基础的短线选手，重在方向指引，重在学习方法，重在系统框架。提醒初学者不要单纯迷信技术分析或基本分析，不管哪种模式，市场情绪、题材逻辑、K线形态都需要兼顾。

对于纯粹的短线选手来说，当然本书也不是那么尽善尽美，有读者就问，具体怎么做一板，怎么做二板，为什么没写？还有读者问，市场情绪那么复杂，为什么不详细写清楚？板块运动好几种形式，书上只讲了倒三角形，为什么不详细写？也有部分读者问了一些很基础的问题，书上也没写。我不知怎么回答才好，写书前不可能事先征询读者意见。我只能说，有道无术，术尚可求，关于龙头战法最关键最核心的道理都在书里了。

总之，该书重在方向指引，重在系统框架，重在“少数派”思维的阐述，虽然有道亦有术，但确实也不能说是面面俱到。另外，从目录到内容，我的初衷是不希望有任何废话，但要做到深入浅出，读起来又不那么枯燥，我也没能做到言简意赅。

值得一说的是，该书出版后，我发现几乎所有的读者都醉心于龙头战法，对于其他盈利模式基本没兴趣。学习龙头战法当然可以，但不能在学习阶段就重仓瞎试。任你怎么劝，听者寥寥。这是我没想到的，也是颇有些感慨的地方。所以也曾想过要不要再写一本完全针对初学者的书，但没多久就放弃了这个念头。天地不仁，以万物为刍狗。可能以后都不会再写跟股票有关的书了。

许多交易员信佛，你对此怎么看？

佛学我不太懂，我的浅见是，所有的宗教，都是人生哲学。对中国人来说，道家讲自然，佛家讲自适，儒家讲自强。或者说，儒家讲拿得起，佛家讲放得下，道家讲想得开。我个人更敬服儒家。儒，从人从需，它是解决人之所需的。不但讲自强，还讲兼济天下，跟共产党人的理想差不多了。

任何宗教，如果说有神灵的存在，我就没法信进去。你想我一个曾经去坟场睡觉的人，还能信神吗？另外，我讲一件印象较深的往事。十年前的一个深夜，大雪纷飞，寒意逼人，我路过苏州桥，发现桥下一个乞丐蜷缩在角落，旁边就是一个小吃摊，三三两两的人不时从他身边经过。当时我就想，对于他来说，佛在哪里呢？你觉得他信吗？

好像毛主席小时候也信佛，但长大了就不信了。但毛主席一生践行的是比任何佛陀都伟大的神圣事业。古人赞美孔子，讲了一句话，天不生仲尼，万古如长夜。我改了两个字，叫做：天不生泽东，万古如长夜。毛主席一生，战天斗地，立功立德立言，始终心系人民大众，人间万万年，只有他那样的人才是真正的佛。

据说佛教经典有数千万字，读到死恐怕都读不完，啥东西非得搞这么复杂？比爱因斯坦相对论还复杂？说实话，我原来是有点排斥的。后来听到佛教音乐，似乎有一种神秘的力量，总是直抵人心深处，想法慢慢就不同了。佛家导人向善，是值得尊敬的，作为一门学问，博大精深，将来有空闲时间，一定要好好学习研究一下。

佛学和股票，严格来说，没有关系。但有心人可以从佛学中吸取对股票交易有益的营养，比如佛学说“戒定慧”。对于股票交易来说，个人认为，就是指对股市的本质和规律要有深刻认知（慧），建立和完善自己的交易系统（定），不要跳出自己的能力圈做交易（戒）。

最后，还有什么要对散户朋友讲的话吗？

前面讲过好多了，那我再重复一下。

建议把股票当作一个智力游戏。既然是游戏，不可太认真，又不可不认真。说白了，一时的得失不要太放心上。但要走在正确的道路上，否则就是在错误的道路上重复。十刀成砖，千刀成佛，挫折是难免的，这是通向成功的必经之路。对成年人来说，和平年代能有股市这样的场景去实现江湖豪杰的梦想，其实是一种幸福。这样一想，境界提升了，心态就不一样了。

初学者请别重仓瞎试。投资的根本原则就是保本，打仗强调保存有生力量，这都是非常朴素的真理。智慧都是相通的，初学者要高度重视。

作为过来人，建议初学者别试图自学成才，任何行业，任何一门技能都是不断传承的结果，都知道学医自学成才几乎不可能，为什么股票就能自学成才呢？事非经过不知难，不经打击永天真。股市易亏难赚，没人指引，用宝贵的时间和金钱去试错，相当不值得。

另外，股票盈利模式不只一种，建议初学者根据自身的条件，选择适合自己的模式。毫无疑问，龙头战法是股市博弈皇冠上最耀眼的明珠，是股林江湖当之无愧的巅峰武学。效率最高，难度自然就不小。个人认为，学习股票，先难后易，操作股票，则要先易后难。提醒散户朋友注意：股市是柔性的智慧。勇气很重要，但要把勇气置于智慧之下。不要一开始就重仓操作最有难度的模式。

人生亦要止损。建议初学者给自己设定期限，不要在股票上无休无止地投入人力物力，股票要止损，人生也需要止损。东方不亮西方亮，黑了南方有北方。天地如此广阔，没有必要一条道走到黑，人一生一定要快快乐乐。

最后，对于少数天生自信乐观，勇于面对挫折，一心求道的勇士，我想说，股市是锻造英雄男儿的熔炉！只要你想，你就已经成功了，中间只是一个过程。革命军人，有进无退！与天斗争，其乐无穷！

附录

2020年10月30日实盘问答

（根据微信群中实盘问答整理）

问 今天好多票冲高回落，如何防范？当前这种市场环境，用什么策略最好？

答：短线策略始终是追击最强和低吸跟风。两种方式，各有优劣。看各自性格及当时的盘面表现。当前这种情况，创业板“20CM”，监管较严，低吸首板是一种重要策略。

值得注意的是，任何时候，三维共振都是一个重要原则。K线形态很重要，但不要单纯看K线形态，同时也要看有没有新大题材。另外要看量能。如果没有题材，量能也不行，乱追就不行。主力也有傻不拉叽的，它可以乱拉，但你不能乱跟。弱市环境，开盘秒板，没经过换手，是很危险的。

另外，开会期间，有预期的就涨，会议结束预期没了就跌，这是经验，需要有这个预判。加之监管较严，外盘不稳，技术的有效性就大大降低了，所以得注意仓位控制，如果技术不精熟，最好的策略就是空仓。

书中也有讲，短线买股票的大前提是市场环境。

问 英飞特作为龙头昨日下跌，是否意味一个周期结束？

答：英飞特已经不是龙头。在画圈处，它就已经结束了，它已经变成前龙了。第二天能涨停，是在环境和板块的带动下，被动涨停。前天能低吸，但这是套利手法。昨天也说了，是较优策略，不是最优策略。再说，涨高了，监管就来了。我们要把监管当成市场的一部分。

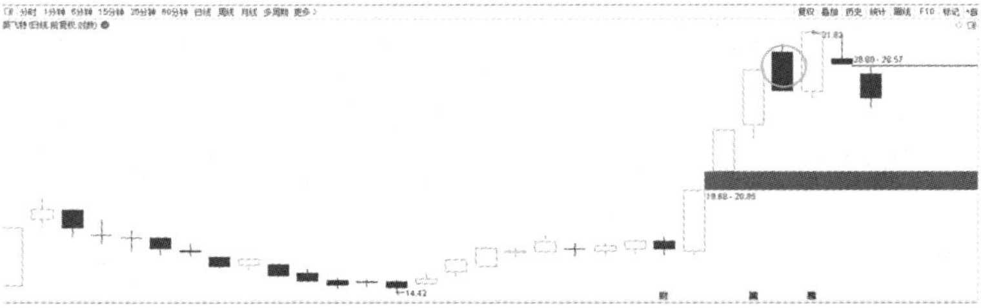

英飞特日K线图

问 股市到底有规律没有？这几天亏钱不少，真的感觉很迷茫。

答：做股票当然有规律。做股票，一定要明大势。大家看每天的起落，感觉没有头绪。很多做股票的朋友，做到后来，甚至会绝望。其实股市的演化，跟万事万物的发展演化一样，潮起潮落。周期性变化，遵循物极必反的原则。这不就是规律吗？具体说来，股市是确定性和不确定性交替变化的过程，或者说，是好行情和差行情交替变化的过程。

我们应该怎么做股票呢？有好行情时，或者说确定性大的时候，尽量多赚（当然，要有行之可效的办法，有行情，没技术，同样可能大亏）。没行情或差行情时，或者说确定性小的时候，少亏一点。然后收手。

但散户之所以亏钱，就是该赚时没赚，行情过了想大赚，于是逆势重仓。炒股大忌！这时候“天时”没有站在我们这一边了啊。国家的发展都还讲战略机遇期，股票也是如此。书中讲“能舍善守”，就是基于这个道理。所以，真正能稳定盈利的人，必须先懂得放弃。善猎者善守。实在手痒，要轻仓。

问 怎么辨别好行情和差行情，钱好赚还是不好赚？不好赚时，如何仓控？

答：好不好赚钱，你的交易日志里应该有记录，有统计。如果没有记录和统计，说明没有得到正确的指引。另外，股票做久了，自然就有盘感，好不好赚钱，也能感受得到。好赚钱，心情畅快，各种群聊得热火朝天。差行情则相反，赚钱吃力，难受，大家都不说话，是吧。

当后面不好赚钱时，就用利润的一部分来弄。你想想，即使亏钱，亏的是利润的一部分。这样，心情就不会受影响。

大家都会斗地主，手气好时，赶紧多赢，因为手气一定有不好的时候。手气不好时，轻易别去摸底下三张牌，别轻易当地主，争取少亏点。四川人喜欢打麻将，当手气不顺时，聪明人往往会停一段时间，反映在股票上，相当于空仓。

问 你说过“道在术中”，这句话怎么理解?

答：哲学三大原理就是道。前面说股市是确定性与不确定性交替变化的过程，这就是道，道统摄一切。但道有层级，有大道，也有小道。小道服从大道。

就个股的走势来说，无论是中线趋势股还是短线龙头股，也都要顺势而为。这个就是小道。那什么是术呢？我们要明白，个股趋势的产生，归根结底，是资金多空的演变，反映在K线上，就是量价关系，关于量价关系的一些知识，这就是一种术。也就是说，只有明了这些具体的术，才能更好的领悟道，顺应道。

问 今日海川智能，它的量价关系如何理解？竞昨比多大比较好？

答：海川智能这个，竞价量能达到昨日成交量的7.61%，量能很健康，开得也不错。另外，一旦涨停，全部筹码获利，这一点要事先想到，所以今天上板相对安全。竞价多大的量比较好？这个是经验，竞昨比在7%以上就不错了。但作为创业板唯一的高位板，是所谓的龙头。要认识到，美中不足的是没有板块支撑，加之，创业板当下监管较严，那就很难走远，不宜重仓。

海川智能日K线图

问 请问什么条件下可以重仓？感觉今天的短线表现太恶劣了，跟你说的短线生态有关吗？

答：我结合今天的情况来谈比较有针对性。短线生态健康是重仓的重要前提，其次要有题材。我发明“短线生态”这个词，是想说明短线技术赖以存在，或者说胜率高，需要一定的市场环境。炒作的炒，左边就有个“火”字，没有一定的热度，炒作就会变得很吃力。

短线生态，有健康和不健康之分。不健康时，往往跟外盘有关，跟监管有关。正常健康的短线生态，允许大跌，但很快会好转。跟人一样，白天累了，休息一晚第二天就精神抖擞。但如果病了呢，休息一晚两晚，恐怕都起不来。对应在股票上，就是冰点之后，还有冰点。一般说来，往往是没题材，或者外围环境不好，或者监管太严，人气没了，追涨意愿弱了。股票的上涨是脆弱的平衡，需要在“人心安稳”的情况下才有赚钱效应，有了赚钱效应就会引起正反馈。负面压力过大，就走向反面。所以，重仓的前提是短线生态健康，有新大题材。当然，没有行之有效的交易系统，一切都是白搭。

我们做短线，往往是在一个旧王朝结束，新王朝诞生时介入。但并不等于说，旧王朝结束，新王朝就马上建立了。比如中国历史上，晋朝结束时，五胡乱华；唐朝结束，是五代十国；清朝结束，军阀混战，你要乱加入，就不是明智之举。所以要识时势，反映在股票上，老周期结束，不一定就有新周期。即，冰点之后还有冰点。最严重的情况是，短线生态极坏，即便盘中有题材，盘中一冲高马上就往下杀。

近段时间，监管怎么样，外围环境怎么样，有没有新大题材，成交量怎么样？大家都清楚。这时候就是高手之间的对决，是镰刀割镰刀，所以就不能重仓。

问 你刚才说的成交量意味着什么？

答：看是什么成交量。对于整个市场来说，成交量小了，意味着傻瓜少了，无脑接盘的人少了。个人以为，“市场不缺傻瓜”是股市第一定律。傻瓜少了，意味着猎物就少了，聪明的猎人也休养生息了，作为跟随者，盈利的难度也就更大了。

问 我今天买了欣天科技，对不对呢?

答：5G有题材，好久没炒过了，开盘整个板块量比较大。欣天科技盘子较小，开盘量能不错，4881万，居创业板第二位。但开得太高，所以要注意仓控，防止短庄兑现，毕竟“20CM”也不少了。

如果要上车，需要换手才可以。如果开盘就上，就不妥当。至于最后失败，当坦然面对，短线追击效率最高，但较高的效率是以容忍较高的风险为前提的，这也是情绪流强调精准出击的原因。要精准出击，就要少出击，而少出击，就必然要放弃一些机会。

注意，欣天科技今天这种情况，盘中低吸也不对。有的人在后面差点封涨停时上车，同样不对，说明经验不够，明显没有资金上来封板，要通过L2看量。

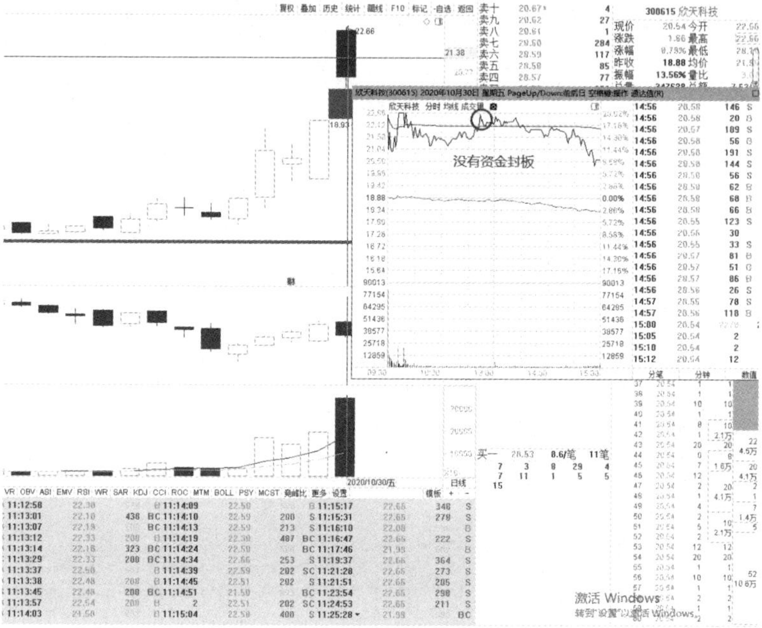

欣天科技日K线图及分时图

问 二板一般开多少点算正常呢?

答：一般情况下，主板5个点以上，创业板10个以上。此外，对于青年龙头，在市场恐慌时，开得低时，反而是机会。比如，2020年7月29日英特集团第4板，2019年5月24日金力永磁。

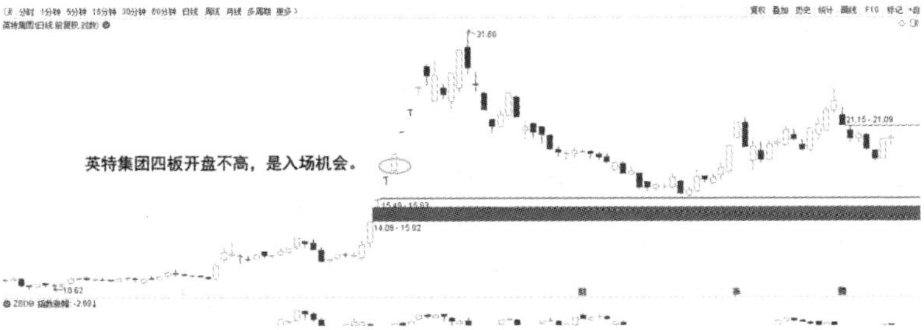

英特集团日K线图

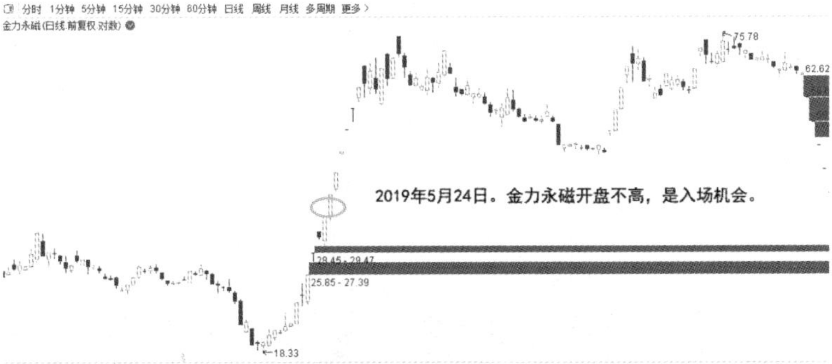

金力永磁日K线图

问 今天跌成这样，大家心情不太好，为什么你说跌好呢？能否举例子说明？

答：大家心情不好，主要是大家都是在做短线追涨，且短线技术并不纯熟，又不会仓控，交易模式单一。如果你懂得多种手法，可能你反过来会喜欢跌，比如趋势股的低吸待涨，往往跌才是机会。不要看到眼前亏了，但长期来看，机会是跌出来的。任何模式都是如此，包括龙头战法，龙头多数是市场大跌之后产生的。

胜蓝股份就是一个例子，可惜我也是今天才发现，复盘也不认真。胜蓝股份在涨停前，遇到跌时，是可以入场的。注意，这不是马后炮，而是一种重要的投资思想和应对策略，关于波段逆势，《情绪流龙头战法》书中《地利篇》讲过。石头科技也是，当然入场机会是前面那段时间。

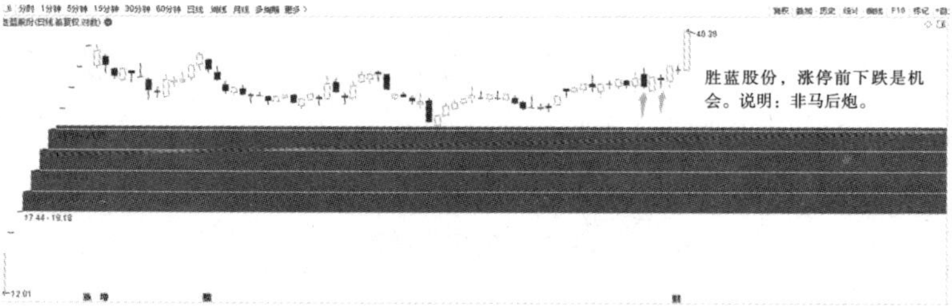

胜蓝股份日K线图

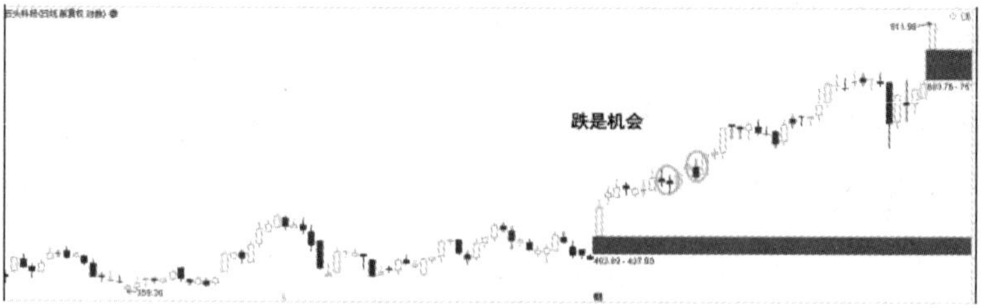

石头科技日K线图

问 做二板要注意什么问题？

答：一句话——高开，带量，往上冲。

问 今天做远方信息错在哪？

答：这种票，不上为好。原因：不太符合K线美学！K线美学，估计这个词大家没听说过，我发明的。你想想看，直接拉涨停，你看上去是不是有点怪怪的。当然远方信息，如果不看前面的阴线，也还可以，主要是弱市秒板，容易炸。

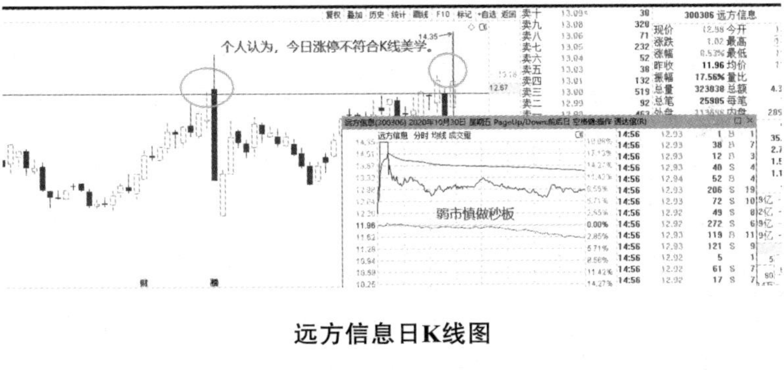

远方信息日K线图

关于K线美学，上次易联众冲板失败就是一个典型，而符合K线美学，成功上行的，京粮控股算是一个例子。大家看看，京粮控股8月13日，如果涨停，你觉得美吗？第二天跌，再涨，这才对头。

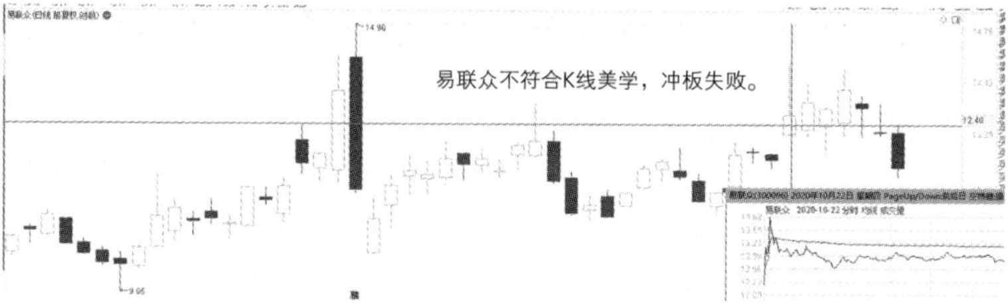

易联众日K线图

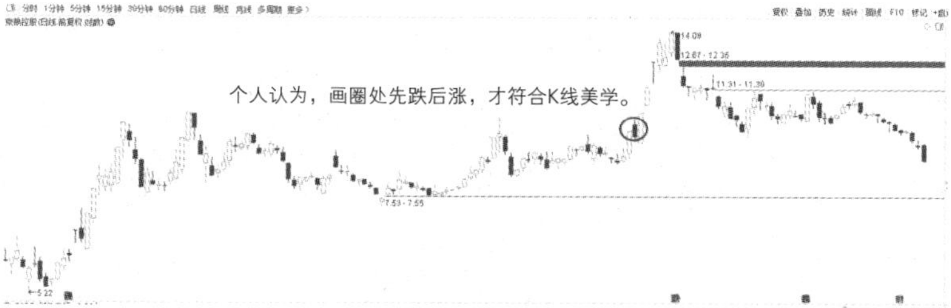

京粮控股日K线图

主力对付散户，就是根据散户的弱点，进行诱吓迷磨。书中有写，它要过前高，总是诱之，吓之，然后再上，反映在K线上，往往有一种对称的美感。

问 今天市场走成这样，实在让人心惊胆寒，你看市场啥时候能好起来呢？

今天跌得厉害，100只股票跌停（-9%以上都算跌停，个人习惯），-5%以上658家，下跌家数3430家，涨停家数只有8家，炸板率67%，十分罕见，是典型的共振冰点。给人的直接感受是恐惧，但作为情绪流的选手，要懂得危中有机，市场恐慌时，我们的第一反应不应该是恐惧，而是发现机会，所谓“反常者赢”，就是这个道理。市场啥时候好起来？我觉得快了。市场有时候不怕利空，而是怕在不确定性中等待。美国大选尘埃落定后，应该就好些了。说不定，下周一就会出现反包。

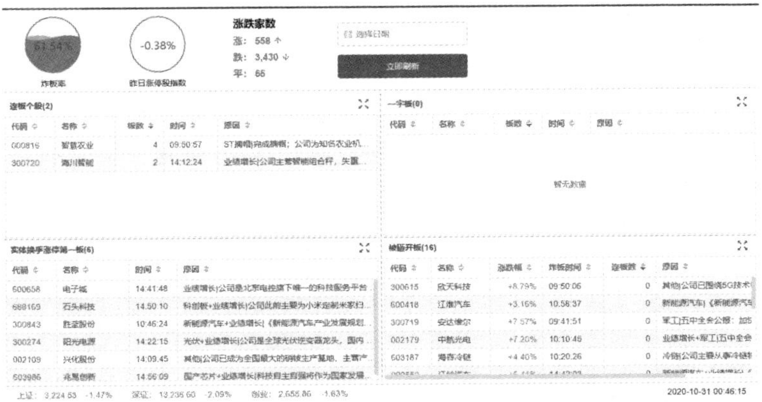

延伸阅读

媲美《富爸爸穷爸爸》，教你如何提前退休

➡《财富自由之路：ETF定投的七堂进阶课》

作者：徐华康

*这本书适合那些愿意用二十年时间轻松简单地实现财务自由的人，而不是那些希望在三五年内快速实现财务自由的人

*什么东西一定会上涨？这么多年来，从股票到衍生品，除了纯粹的套利交易确定性较高外，只有指数在过去十几年来是一直向上的

*投资保守的失恋青年小刘，投资激进的过气女主播静静，神秘的客栈老板老徐，因缘际会相遇在大理，三个人，七堂课，在旅行的故事中走向属于自己的财富自由之路

国内第一本小说体期权交易实战指南

➡《我当交易员的日子：期权波动率交易核心策略与技巧》

作者：徐华康、王美超

*国内罕见的“小说体”期权交易实战指南

*浓缩两位操盘无数的期权“老鬼”的期权波动率交易经验，说透期权波动率交易的核心策略与技巧

*经验丰富的一线期权交易员在期权波动率交易中的所思、所想、所感、所悟，真实再现中国股票期权市场诞生以来的机会与风险

延伸阅读

比《华尔街幽灵》更真实，比《海龟交易法则》更有效

➡《交易的真相》

作者：极地之鹰

*毫不吝啬地和盘托出在交易之路上的经验和教训，层层递进地指出交易历程中存在的误区，一层层地剥掉投资领域里随处可见的“皇帝的新衣”，让“交易的真相”水落石出

*9年交易经验的交易员作者在书中完整公开了自己价值千金的交易系统，并经过历时半年的实验证明其有效性

*言简意赅，不啰嗦、不堆砌，通篇干货，思人所不能思，写人所不敢写

知乎作者赛博格Cyborg对交易系统框架、原理及构建的完美阐释

➡《交易的逻辑与艺术》

作者：陈侃迪

*作者将自己近年来在交易之路上的经验总结毫不吝啬地与读者分享，书中关于交易系统的四种情形和临界点、交易中不可能三角的描述分析，是国内难得的关于交易系统底层逻辑的原创思考

*只要在市场交易，你的交易系统就和市场状况、基本假设及仓位资金管理脱离不了关系，本书给了我们交易人最深刻的心灵深处的问题的解答

延伸阅读

《乌合之众：大众心理研究》

“《乌合之众》是一本可怕的书，他将社会大众的心理阴暗面毫不掩饰地暴露在阳光之下，别有用心的人甚至可以利用群体的种种心理弱点作为其权力与财富的抓手。”

——“金融大鳄”索罗斯

《大癫狂：非同寻常的大众幻想与群众性癫狂》

“数学不能控制金融市场，而心理因素才是控制市场的关键。更确切地说，只有掌握住群众的本能才能控制市场，即必须了解群众将在何时以何种方式聚在某一种股票货币或商品周围，投资者才有成功的可能。”

——“金融大鳄”索罗斯

“只要如此愚蠢的行为能够继续存在下去，那么一个真正理性的投资者始终有望利用大众的疯狂为自己谋利。具有常识的个体很容易觉察到集体的疯狂，个体将会借此获取巨额的利润。”

——查尔斯·麦基

购 书 请 微 信 扫 描 封 底 二 维 码